国际传播研究丛书

# 跨境数据流动
## 规制与进路

刘首兵 著

中国传媒大学出版社
·北京·

## 图书在版编目(CIP)数据

跨境数据流动：规制与进路/刘首兵著.--北京：中国传媒大学出版社，2025.3.

ISBN 978-7-5657-3916-3

Ⅰ.D912.170.4

中国国家版本馆 CIP 数据核字第 2025WJ6478 号

---

**跨境数据流动：规制与进路**
KUAJING SHUJU LIUDONG:GUIZHI YU JINLU

| | |
|---|---|
| 著　　者 | 刘首兵 |
| 策划编辑 | 李明远 |
| 责任编辑 | 李明远 |
| 封面设计 | 风得信设计·阿东 |
| 责任印制 | 李志鹏 |

| | | | | |
|---|---|---|---|---|
| 出版发行 | 中国传媒大学出版社 | | | |
| 社　　址 | 北京市朝阳区定福庄东街1号 | 邮　编 | 100024 |
| 电　　话 | 86-10-65450528　65450532 | 传　真 | 65779405 |
| 网　　址 | http://cucp.cuc.edu.cn | | |
| 经　　销 | 全国新华书店 | | |
| 印　　刷 | 唐山玺诚印务有限公司 | | |
| 开　　本 | 710mm×1000mm　1/16 | | |
| 印　　张 | 11.375 | | |
| 字　　数 | 176 千字 | | |
| 版　　次 | 2025 年 3 月第 1 版 | | |
| 印　　次 | 2025 年 3 月第 1 次印刷 | | |
| 书　　号 | ISBN 978-7-5657-3916-3 | 定　价 | 58.00 元 |

本社法律顾问：北京嘉润律师事务所　郭建平

# 前 言

在数字全球化发展趋势下,数据不仅是基础性生产要素,更是一种战略性资产,与国家的核心竞争力紧密相关。数据流动的数字化风格转向、资本集聚特性、跨境流动特征以及渗透其中的社会权力关系,使跨境数据流动本身充满了不确定性,且深陷于全球政治经济发展不平衡的矛盾中。鉴于此,研究跨境数据流动的规制,在全球风险放大的时代具有极端重要性和现实紧迫性。

跨境数据流动是数据信息在国家间的一种传播形态和过程,国际传播中的数据流动,本质上就是国际传播的主要内容。特别是当人类社会迈入信息时代,数字技术的飞速发展引发了全球经济和社会的整体变革,跨境数据流动已经涉及国际交流与合作的所有领域。从政治到经济,从科技到文化,国际交往与国际传播无不以数据和信息的形式呈现,并越发成为国际传播的主要载体。跨境数据流动作为一种国际传播现象,深刻影响和塑造着世界的政治经济结构,推动着全球传播生态体系和新型国际关系的重构。因此,开展跨境数据流动的规制研究,研究者既需要运用国际关系的理论框架和研究范式,如需要对地缘政治向数字地缘政治发展进行辩证的把握;又需要通过国际传播的考察视角,进行信息传播与跨境数据流动的交叉研究,进而探索跨境数据流动对国际传播、国际关系的深远影响,这也是区别于地缘政治国家硬实力的软实力研究范畴。

与此同时,跨境数据流动的规制治理属于全球治理的范畴,该研究也必须置于全球治理语境下展开。因此,本书在全球治理观视域下,采用跨学科的研究视野,综合文本分析、比较分析、案例分析等社会科学研究方法,同时借助国际关系、国际传播、法学等学科知识,对跨境数据流动的规制问题展开了较为系统的研究。

鉴于跨境数据流动的国际规制尚处在实践进程之中,存在着如美国、欧盟、中国等多种不同的规制模式与技术路线,而学界针对跨境数据流动的国际规制研究同样存在争论并依托实践不断丰富与完善,因此,本书尝试遵循从"史"(跨境数据流动及其规制的历程)到"论"(跨境数据流动及其规制的学理阐释)、从"体"(跨境数据流动)到"用"(对跨境数据流动的规制)的逻辑进路和实施路径展开,试图对跨境数据流动规制进行多视角、多维度的梳理分类与归纳分析,并在此基础上展望国际规制的发展进路。

首先,本书从数据规制历史和学理逻辑两个维度对数据、数据流动、跨境数据流动及其规制展开剖析,梳理了数据从计算代码到网络连接资本的发展过程、数据流动作为互联互通底层逻辑的作用,以及跨境数据流动从网络传播到数字时代全球传播的演变过程。

其次,本书探讨了跨境数据流动的价值和面临的风险。其价值可归纳为安全价值、经济价值和社会与文化价值等方面;其风险有政治风险、经济风险、技术风险和社会与文化风险等种类。本书还探析了跨境数据流动风险产生的深层次原因,包括综合国力差距、实行标准不一、互联网头部企业的垄断以及国家规制能力的影响。全球互联网发展的不平衡和不断扩大的风险对现有治理体系提出了新的、更高的要求,对跨境数据进行规制是全球数据治理的必然要求。

再次,本书梳理了跨境数据流动规制的主体及其类型。具体来说,跨境数据流动规制的主体包括作为参与主体的政府、国际组织、互联网企业、个人、技术社群和民间组织。规制的方式包括政策法律规制、信息技术规制、数字经济规制和社会文化规制等。

最后,本书选取了国际社会中主要经济体的跨境数据流动规制实践案例并开展比较分析。跨境数据流动规制是一个充满挑战、不断变化的发展过程,面对竞争与合作交织的规制体系现状,我们需要在"安全""有序"的原则下建构一个合理的框架并提出具体的实施路径。本书从"竞合关系"到"命运与共"的逻辑出发,结合中国跨境数据流动的规制实践,梳理了网络空间命运共同体的演进脉络与内涵,指出基于网络空间命运共同体理念跨境数据流动规制体系的构建应充分考虑新型国际关系、全球传播的公平正义等因素。

# 目 录

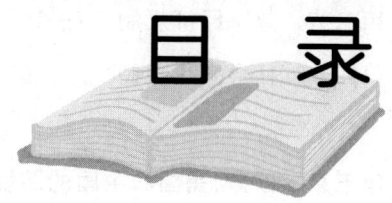

绪 论 / 1

## 第一章 跨境数据流动与规制的概念与内涵 / 28
第一节 数据与数据流动 / 28
第二节 跨境数据流动 / 36
第三节 跨境数据流动规制 / 42

## 第二章 跨境数据流动规制的价值与风险 / 49
第一节 跨境数据流动的价值 / 49
第二节 跨境数据流动的风险 / 56
第三节 跨境数据流动风险成因分析 / 68

## 第三章 跨境数据流动规制的主体 / 75
第一节 政府 / 76
第二节 国际组织 / 78
第三节 协同主体 / 81

## 第四章　跨境数据流动规制的类型　/　89

第一节　信息技术规制　/　90

第二节　政策法律规制　/　94

第三节　数字经济规制　/　101

第四节　社会文化规制　/　103

## 第五章　欧盟、美国和中国的跨境数据流动规制实践　/　106

第一节　欧盟：保护个人权利和基本价值　/　106

第二节　美国：促进市场和创新　/　110

第三节　中国：促进国家和公共安全，倡导数字化发展　/　113

## 第六章　跨境数据流动规制的国际竞争、合作与进路　/　123

第一节　跨境数据流动规制的国际竞争　/　123

第二节　跨境数据流动规制的国际合作　/　128

第三节　规制进路：网络空间命运共同体理念下的平衡与发展　/　134

## 结　语　/　154

## 参考文献　/　158

# 绪 论

以互联网为主导的数字信息技术革命广泛而深刻地影响着人类社会的生产和生活。联合国发展规划委员会副主席克劳斯·施瓦布(Klaus Schwab)等在其著作中指出,受到新的数字信息技术影响,全世界进入颠覆性变革新阶段。[①] 数据(data)作为核心生产要素,逐渐成了基础性战略资源。数据资源的全球流动推动了信息技术的创新发展,提升了各国的经济效率,增进了社会福祉。新冠疫情暴发以来,数字技术被广泛应用到全球疫情防控和公共卫生体系构建中。

网络技术的发展推进了跨境数据流动,这种流动以网络空间为依托,涵盖了跨文化网络社群文化和数字化交互的特性。一方面,跨境数据流动为经济发展和文化交融带来了新的机遇,成为技术驱动创新的重要力量;另一方面,它也引发了一系列复杂的风险,涉及政治、经济、军事和文化等多个层面,成为当前国际网络空间不稳定的新因素。随着国际传播的战略化、平台化、风险化与全球化转型的加速[②],以及国际关系领域由"大国博弈、地缘政

---

[①] 施瓦布,戴维斯.第四次工业革命——行动路线图:打造创新型社会[M].世界经济论坛代表处,译.北京:中信出版社,2018:23.
[②] MCPHAIL T L.Global communication:theories, stakeholders, and trends[M].3rd ed. Malden: Wiley-Blackwell,2011:39-40.

治"向"数字地缘政治"转型的重要性日益凸显①,跨境数据流动逐渐成为国际传播与国际关系交叉学科研究的前沿性议题。

各国出于对数据资源的保护、国家安全需要,以及防止行政权、司法权落空等目的,通过加强对跨境数据流动的规制把控数据流动,从而提升其在网络空间中的竞争力。目前,全球范围内数据流动规制缺乏兼容统一的框架,各国规制的目的不同导致政策差异化问题凸显,跨境数据流动带来的国家信息安全隐患与跨境数据流动正当需求之间的矛盾凸显,破解这些问题是规制的关键所在。对跨境数据流动及规制问题开展系统研究,具有重要的学术价值和实践意义,研究者应为中国参与跨境数据流动的国际规制提供策略。

## 一、跨境数据流动规制研究的缘起

(一)现实意义

1.开展跨境数据流动规制的时代意义

从历史发展的脉络来看,随着数字技术与互联网的不断演进,数据的形态和应用场景也经历了深刻变革。在互联网1.0阶段,数据主要围绕基础的搜索与存储功能展开,其应用范围相对有限。在互联网2.0阶段,数据开始突破局域网的限制,逐步走向更广阔的互联网空间,并最终在全球互联网的舞台上实现广泛流动与共享。在互联网3.0时代,数据特征更加注重以用户为中心,基于区块链的底层技术,构建起由用户主导的开放协作、隐私保护、生态共建的数字世界。这一信息传播方式的变更,改变了人类社会的生产方式与生产关系,促进了人类文明的发展和进步。除了技术动因之外,互联网的全球发展更离不开相对应的政治需求、经济需要和深层次的社会文化

---

① WOODS O.Clashing cyphers,contagious content:the digital geopolitics of grime[J].Transactions of the institute of British geographers,2021,46(2):464-477.

原因。正如传播政治经济学者赫伯特·席勒(Herbert Schiller)所说:互联网既是20世纪中后期冷战的产物,又是经济社会全球化过程中技术、商业、政府和社会互动与博弈的产物。① 我国学者方兴东等则以年代为划分标准,从"技术创新、商业创新和制度创新"三个角度入手,全面梳理了1969—2019年互联网发展历程中各阶段的关键事件和相关节点,归纳了各个阶段演进的逻辑及基本规律。② 其团队后续的研究指出,当前全球信息传播主要由传统大众传播、网络传播、社交传播和智能传播等四大机制交汇而成。不同机制此消彼长,相互博弈和联动,构成了全球传播格局进程的主旋律。③ 在全球传播生态新环境中,数据与信息传播构成了全球信息传播的主要动能。数据的跨境流动,在一定程度上促进了多维度、多主体、全效果的全球信息传播格局的形成。

从国际关系学科的发展与走向来看,在网络空间这样一个全球共享的领域内,全球连接的物理特性决定了数据的流动超越了主权国家,数据在不同的国家、大洲等实体空间里实现着交换和价值升级,成为新型全球化的重要特征,推动着国际关系朝着前所未有的新方向发展。如何理解在"互联互通"全球传播体系的搭建过程中国家主权意志的凸显和张扬,是一个国际权力角力和国际传播的现实主义问题,也是互联网信息技术与全球传播命题必须解决的问题。④ 这一问题深刻地影响了数据流动方面的规制和发展可能性。⑤ 另外,面对网络空间的虚拟性、复杂性和多变性,如何打造新型数字化基础设施,如何减小基建过程中数字鸿沟效应的影响,也是跨境数据流动

---

① 席勒.大众传播与美利坚帝国[M].刘晓红,译.上海:上海译文出版社,2006:47.
② 方兴东,钟祥铭,彭筱军.全球互联网50年(1969—2019):发展阶段与演进逻辑(上)[J].互联网天地,2019(10):12-23.
③ 方兴东,何可,谢永琪.Sora冲击波与国际传播新秩序:智能传播下国际传播新生态、新逻辑和新趋势[J].对外传播,2024(4):14-18,60.
④ HARASIM L M.Global networks:computers and international communication[M].Cambridge:MIT Press,1994:35.
⑤ ALLEYNE M D.International power and international communication[M].London:Palgrave Macmillan,1995:2-3.

规制的一大难题,需要研究者从全球规制角度进行思考和寻求解决方案。

从现实需要来看,国际传播中的困难来自文化差异。国际传播就是跨文化传播,是数据在国际的一种传播过程,属于跨境数据流动的范畴,关乎国家安全、国家软实力以及国家形象,是国家权力的延伸,也是建构新型国际关系的重要体现。2021年5月31日,习近平总书记在十九届中共中央政治局第三十次集体学习时提出,要下大气力加强国际传播能力建设,形成同我国综合国力和国际地位相匹配的国际话语权。① 讲话前所未有地将"国家战略"与国际传播、跨文化交际绑定在一起,将国际传播上升为战略传播的呼声与日俱增。② 习近平在中共中央政治局第十七次集体学习时强调,推进国际传播格局重构,创新开展网络外宣,构建多渠道、立体式对外传播格局。在国际传播的信息生产、传播与政策方面,中国应与国际接轨。③ 在一个批判的全球化框架下④,中国可结合历史语境,以战略思维对接国际传播和跨境数据流动等领域,从应然和实然等层面来思考跨境数据流动涉及的"数据主权、信息安全、隐私保护、文化认同、法律适用及综合管辖"⑤问题,积极融入并肩负起国际传播的重任⑥,力图成为自由、平等与公正秩序的遵守者和新规则的制定者。

2. 开展跨境数据流动规制的现实动因

(1)跨境数据流动的价值

一是发挥数据的生产要素作用,促进经济发展。信息技术的革新深刻

---

① 学而时习.加强国际传播能力建设,总书记要求下大气力[EB/OL].(2021-06-02)[2023-02-10]. http://www.qstheory.cn/zhuanqu/2021-06/02/c_1127522717.htm.
② 史安斌.推动国际传播上升为战略传播[N].环球时报,2021-06-05(7).
③ 张毓强,黄姗.中国国际传播中的信息生产、信息在场与沟通达成[J].对外传播,2019(8):61-64.
④ MOHAMMADI A. International communication and globalization:a critical introduction[M].Los Angeles:Sage Publications,1997:67.
⑤ MOWLANA H.Global communication in transition:the end of diversity?[M].Los Angeles:Sage Publications,1996:80-81.
⑥ 肖欢容,张沙沙.全球治理实践的维度论析[J].江西师范大学学报(哲学社会科学版),2019(3):17-25.

影响了国际市场,跨境数据流动带来了效率的提高、成本的降低、利润的增加、竞争力的增强。以跨境电商为代表的数字贸易已经成为国际贸易发展的主力军。阿里研究院的数据显示,2020年跨境电商的全球成交额达到了9940亿美元,其中亚太地区就贡献了4760亿美元。[1] 在严峻的全球疫情形势下,跨境电商突破时空限制,凭借其低成本、高效率,成为企业开展国际贸易的重要选择,减小了疫情对企业的冲击。中国跨境电子商务保持了快速增长的态势。根据商务部数据,2024年前三季度,中国跨境电商进出口总额达到1.88万亿元,同比增长11.5%,其中出口额为1.48万亿元,增长15.2%。这一增长速度远高于中国外贸整体增速,显示出跨境电商的强大动力和发展潜力。[2] eMarketer数据显示,2024年全球电商销售额达到6.3万亿美元,同比增长8.76%。2024年至2027年,全球电商销售额将以7.8%的复合年增长率持续攀升,预计到2027年将达到8万亿美元。[3]

二是发挥数据的解构作用,加强社会文化交流与融合。数据技术改变了信息传播的方式,缩短了信息流动的周期,增加了文化传播的频率,影响着人们知识的组织、传递和获取,促进了优秀文化的传播与共享;数字全球化打破了民族、国土、文化、风俗的疆界,减少了文化差异,让不同的文化相互吸收、融合,有利于更好地推动跨文化价值转型升级、发现新的突破点和增长点,并尝试解决可能的文化冲突问题。网络社会中的数据流动带来的传播形态的变化,为人们提供了一种全新的开放式交往与活动的平台,促进了公民的政治参与。[4] 网络技术促进了传统政治文化优化,打破了固有的政治信息控制,提升了政治评价能力,促使政治认知向纵深发展,实现国际理

---

[1] Global cross-border B2C E-commerce market 2020[EB/OL].[2023-02-20].https://www.researchandmarkets.com/reports/4997074/global-cross-border-b2c-e-commerce-2020.
[2] 2025年中国跨境电商行业分析:出海路径、市场趋势与竞争格局[EB/OL].(2025-01-23)[2025-02-22].https://www.vzkoo.com/read/202501238769b92cfb06aad292c7430a.html.
[3] 60页|跨境电商行业年度报告[EB/OL].(2025-02-14)[2025-02-22].https://mp.weixin.qq.com/s/PD4KdVzrq2fbHEi7g94KWQ.
[4] 朱海龙.网络社会信息嬗变对政治参与动员的影响[J].湖南师范大学社会科学学报,2010(3):58-61.

解,进而求同存异。

三是技术创新驱动发展,塑造一国的国际竞争力。跨境数据流动有助于国家提升创新能力,对信息、知识的传播与共享也有积极意义。根据Frost&Sullivan的2025年大趋势预测,数据支撑着未来,90%的变革性转变严重依赖于数据的流动与使用。① 从TikTok所代表的数据和算法驱动的传播变革,到ChatGPT和Sora等应用在AIGC领域的探索,智能传播正在快速改写着以大众传播为基础的社交传播和网络传播的规则,这不但带来内容生产上的变革,而且正在颠覆知识、传播与权力的关系,重塑世界的经济、政治和文化格局。由此,国际传播秩序进入一个快速演进和迭代的大重构阶段,地缘政治时代将走向技术政治时代,基于数据驱动的智能传播机制将主导国际舆论场。在国际体系深刻演变的背景下,数据已经成为权力的来源,数字技术发展使国家安全的内涵和外延得以拓展,世界各主要大国在数字世界展开了博弈。

(2)跨境数据流动的风险

数据流动风险不仅出现在市场交易领域,亦产生于国家安全、社会治理等方面,并在跨境流动过程中被不断激化,有可能产生连锁风险。数据流动的风险,可分为不同的层级和水平,主要体现在以下几个方面:一是经济层面的数据使用和支配关系,如商业领域的"商业过程管理"风险管控与防治②;二是社会层面的数据伦理问题;三是个人隐私以及国家与国家之间的数据安全和主权问题。

一是引发经济风险,造成市场失灵。数据作为经济发展的一部分,加深了各国在数据流动和数字化层面的联系,促使数字经济价值链形态发生改变,但全球传播布局变化存在不确定性。全球化收益的国民属性进一步复

---

① ARC增强现实中国.Frost&Sullivan预测:2025年AR和VR技术全球市场将达6614亿美元[EB/OL].(2021-01-18)[2023-02-10].https://www.sohu.com/a/451622465_620850.
② SUN S X,ZHAO J L,NUNAMAKER J F,et al.Formulating the data-flow perspective for business process management[J].Information systems research,2006,17(4):327-444.

杂化,世界经济发展格局的不平衡出现新的表现形式。① 惠志斌通过对国内互联网企业的跨境业务调研,分析了多个场景下的跨境数据流动风险及其应对策略。② 在数字化市场环境,利润最大化驱使各相关企业、数字平台试图通过控制数据巩固其市场份额,通过数据壁垒形成垄断,引发资源的不公平分配,损害了公平竞争的环境,造成了"市场的失败"。③ 例如,美团与饿了么的"二选一"竞争,以及京东诉阿里巴巴的"二选一"案,均属于利用算法优势人为构建数据壁垒的典型案例。此外,微信拒绝向外部平台开放数据接口,不接受阿里巴巴、网易云等公司的服务链接,这种做法也引发了人们对不正当竞争行为的质疑。

二是引发社会冲突,造成社会失范。数字技术带来了文化发展方式的转型,发达国家在电影、电视、广播、在线服务、游戏、出版、视觉艺术等领域依靠其强大的数字技术在国际竞争中占据了绝对优势,导致了发展中国家出现了数字鸿沟问题。人工智能与大数据的结合应用在为社会带来便利的同时,也可能因数据偏差或算法局限导致预测结果不准确,甚至引发伦理争议。目前相关的监管机制往往难以及时跟上技术发展的步伐,从而给社会治理带来了潜在风险。具体到国际传播学领域,实时互动报道、数字化新闻等形式将世界各国前所未有地紧密联系在一起,大众传播和人际传播的边界变得越来越模糊,而社群传播和群体传播的影响力逐步增大,一些文化冲突现象叠加跨境数据流动出现。④

三是给个人隐私与国家安全造成严重威胁。数字技术的发展催生了网络安全问题。从个人层面来看,数据被过度采集、隐私泄露等事件频发,严重损害了个人隐私与财务安全。在国家层面上,数据是关键的战略资源,对

---

① 黄鹏,陈靓.数字经济全球化下的世界经济运行机制与规则构建:基于要素流动理论的视角[J].世界经济研究,2021(3):3-13.
② 惠志斌.数据经济时代互联网企业跨境数据流动风险管理研究[D].南京:南京大学,2018:4.
③ 斯图克,格鲁内斯.大数据与竞争政策[M].兰磊,译.北京:法律出版社,2019:327-328,379.
④ 隋岩.群体传播时代:信息生产方式的变革与影响[J].中国社会科学,2018(11):114-134,204-205.

跨国政治行动者的新型国际权力及权力的稳定性产生深远的影响。在网络空间中,跨境数据流动和信息技术发展催生了计算机病毒、黑客攻击、网络犯罪、网络恐怖主义、网络信息战之类的新型安全风险,造成了对国家经济、军事、政治等方面的威胁。[1]

(3)跨境数据流动面临的挑战

目前,方式多样化、传输高速化、场景复杂化、主体多元化的跨境数据流动在数据安全、数据主权和隐私保护方面存在冲突,针对如何平衡这个三难问题专家尚未达成一致性意见。各国从数据发展、隐私保护、国家安全等角度出发,建立或形成了各自的跨境数据流动规制方案。但因规制理念与地缘政治环境等差异,国际社会尚未形成统一的全球规制模式。具体表现为:一是数字空间的碎片化、去历史化,以及没有形成统一的跨境数据流动规制;二是区域化倾向明显,且不利于多边规制体系的构建;三是规制的共识与合作意识不足,现有的规制方案成效不足。面对当前全球网络空间治理主体多元、议题多样、规则复杂的现状,如何实现数据流动与数据保护、数据安全之间的平衡,以及如何兼顾发达国家与发展中国家不同利益和关切,成为国际社会拟定数据规制方案时面临的重大挑战。

面对日益严峻的数据安全威胁,各国将数字议题纳入大国博弈的范畴,并出台数据规制政策,提升安全治理技术能力。中国立足国情,创新实践,提供了中国特色的规制方案。2020年9月1日施行的《中华人民共和国数据安全法》系统地反映了我国有关数据安全与发展的治理方向。2020年9月8日,中国发布全球数据安全倡议,呼吁制定全球数据安全治理规则。[2] 2021年相继出台《中华人民共和国个人信息保护法》,配套颁布《关键信息基础设施安全保护条例》《网络安全审查办法》等多项规定和标准。2025年1

---

[1] 郎平.互联网如何改变国际关系[J].国际政治科学,2021(2):90-121.
[2] 王毅.坚守多边主义倡导公平正义携手合作共赢:在全球数字治理研讨会上的主旨讲话[EB/OL].(2020-09-08)[2021-02-01].https://www.fmprc.gov.cn/web/wjbz_673089/zyjh_673099/202009/t20200908_7588967.shtml.

月1日起施行的《网络数据安全管理条例》,进一步促进了网络数据依法合理有效利用,保护个人、组织的合法权益,维护国家安全和公共利益。

(二)理论基础

跨境数据流动涉及经济、法律、传播、政治等多个领域。在全球互联的数字时代,它不仅推动了国际社会经济和文化的创新发展,也带来了诸多风险与挑战。面对当前国际规制差异较大的现状,本书以跨境数据流动为核心研究对象,从国际传播和国际关系的学科背景出发,围绕国际传播的战略化、风险化、平台化与全球化特征以及国际关系领域从"大国博弈、地缘政治"向"数字地缘政治"的演变,展开深入探讨,为后续研究奠定基础(图1)。

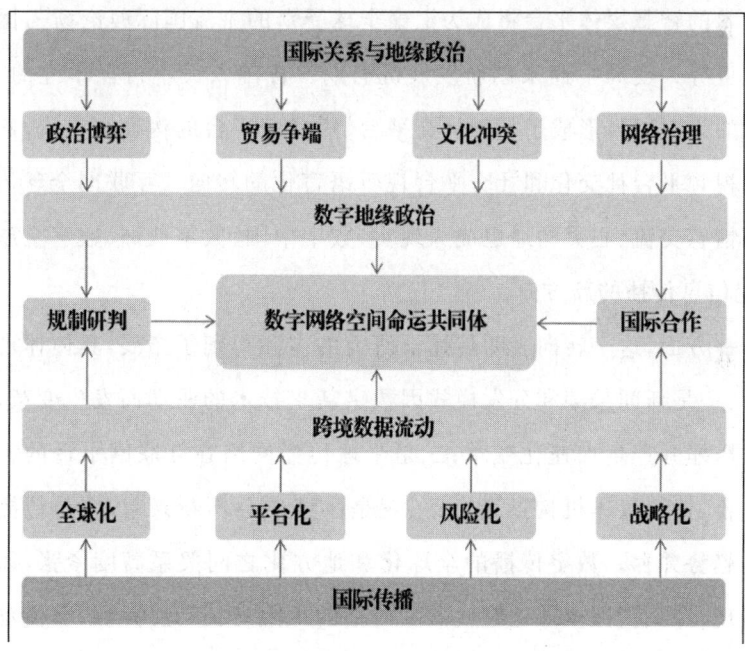

**图1　跨境数据流动规制研究的理论基础**

1.数字化背景下的传播学研究转向

随着人工智能、区块链、云计算、大数据深度参与社会再生产,数据在资源配置、激发创新动能等方面发挥了重要作用。在这一过程中,能最大限度聚合并提取数据价值的数字平台扮演了重要角色。作为社会政治、经济、文化的一个有机组成部分,数字媒介技术带来了传播学研究的重大转向,使国际传播消除了时间和地域的概念,传播理论转型为信息传播理论的必要性和迫切性正变得日益显著。① 但这一研究转向要区别于传统学理意义上的"数据化"。"数据化"指代的是信息存储及其流通方式的"物质性"②意义转变,即转为数据单位,而"数字化"突出的是整个社会逻辑及传播基础设施的数字性革命与重建。

一方面,这一转向反映出现实层面的巨大变化,对国际媒体的信息流程产生了重大影响,改变了信息生产、发布的时间概念,如基于 5G 等创新数字媒介技术的智慧媒体平台将成为汇聚全球受众的主流国际舆论场③,国际传播将在世界大变局中迎来创新发展机遇期。各国人民不再以单纯的"某一个国家的人"自居,形成了基于社交平台、短视频平台的沟通与交流,甚至形成了短视频平台社交化和社交平台视听语言化的转向。互联网全球传播所推动的情感交流、心灵沟通也成为现实,数字中国、数字亚洲、数字全球成为21 世纪信息传播的新方向。④

另一方面,这一转向表明传播学研究的内涵得到了拓展,具体体现在以下方面:一是新闻采编和分发模式因数字新兴技术的驱动而发生变革,传播时空被压缩并产生加速化变革;二是全球传播网络在互联网平台的影响下不断整合,传统媒体机构逐渐衰落;三是区域中心不断兴起,它与传播去中心化的趋势并存。数字传播的全球化和地方化之间关系高度紧张,风险化趋势显现,深刻把握全球化时代国际传播的风险特征,是跨境数据流动的一

---

① 廖祥忠.媒介与社会同构时代国际传播人才培养必须着力解决的三大问题[J].现代传播(中国传媒大学学报),2021(1):1-6.
② GRAY J,RUMPE B.Models for digitalization[J].Journal software and systems modeling,2015,14(4):1319-1320.
③ 刘滢.5G 时代国际传播的战略目标、实现基础与现实路径[J].新闻与写作,2020(9):85-89.
④ 匡文波.数字平台如何影响中国对外传播:后疫情时代中国网络媒体全球传播的机遇与挑战[J].西北师大学报(社会科学版),2021(5):5-14.

大现实特点。①

如何加强风险治理,展开国际传播的战略化转型和理论发展,是本书在开展跨境数据流动规制研究时深入思考的问题。②

2.国际关系视角下的数字地缘政治发展趋势

在数字全球化的时代,跨境数据流动从根本上来说,受限于国家间的政治经济交往秩序,受现实主义权力关系支配,"国家的实力决定国家的权力,一国的实力越大,它对他国或在国际社会的权力就越大"。③

大数据介入国际关系后,数字技术推动了全球权力资源的重新分配,信息技术推动权力从国家向非国家行为体和全球力量转移。④ 无论是美国对华为、中兴、中芯国际等企业的"断供",还是中国提出的"安全可控"战略,以及欧盟所提出的"技术主权",背后实际上都意在通过通信技术的供应链来建立自身在数字地缘版图中的权力。⑤ 当前,中美欧在数字权力领域呈现出非对称的三足鼎立格局。美国在数字技术方面占据领先地位,中国在数字经济和数字创新方面发展迅速,欧盟则在数字规则制定方面具有一定的影响力。这种格局使得全球数字权力竞争更加复杂,也加剧了国际关系中的不确定性。

在媒介与社会一体同构、传播驱动全球秩序重构的背景下⑥,原有的全球化理论以及世界主义理念因其霸权主义及乌托邦色彩无法满足传播新秩序建立,一个曾经致力于全球化的互联网世界成为战况日益加剧的地缘政

---

① DAVIES J C,COVELLO V T,ALLEN F W.Risk communication:proceedings of the conference on risk communication[M].Washington,D.C.:The Conservation Foundation,1987:193-207.
② MOSS D,WARNABY G.Communications strategy? Strategy communication? Integrating different perspectives[J].Journal of marketing communications,1998,4(3):131-140.
③ 李智.软实力的实现与中国对外传播战略:兼与阎学通先生商榷[J].现代国际关系,2008(7):54-58.
④ 郎平.全球数字地缘版图初现端倪[J].信息安全与通信保密,2021(3):9-15.
⑤ 鲁传颖.数字世界地缘政治,大国在争什么[N].环球时报,2020-08-05(15).
⑥ 廖祥忠.媒介与社会同构时代国际传播人才培养必须着力解决的三大问题[J].现代传播(中国传媒大学学报),2021(1):1-6.

治新战场。这一战场既是物理的、可见的,如信息基础设施,又是虚拟的、不可见的,如网络平台和移动应用。① 有学者特别指出,在资本主义全球化的结构性危机中,包含着一个新转机,它将促进更包容、更平等的全球化进程。在被数字化、现代化和城市化所侵蚀的现有"地球村"中,孕育着一个弥合中心与边缘鸿沟、跨越城市与乡村分野并依靠数据流动而实现的"新数字地球村"的希望。②

伴随着全球化进程的深入推进,原有的以西方资本主义国家为主导的国际关系网络,决定了跨境数据流动本身的不平衡与不充分,文化冲突、数据安全等问题伴随出现在政治博弈、贸易争端中。互联网的政治倾向和文化特征日益凸显,其地缘政治内涵也成为全球数字政策的核心议题,全球性的数字地缘竞争日益成为各国维护自身数据安全利益的重要战略举措。相较于传统的地缘政治,数字地缘更为复杂。具体来说,其参与者更加多元,国家、企业、国际组织、技术社群都在发挥作用。数字地缘中的核心科技和数据的重要性不断提升,快速的数据流转和动态的数据体系影响着国际关系的窥视性、统观性,从全球视野来研究以"国家安全"为核心的跨境数据流动规制博弈具有现实意义。

### 3.全球治理下的跨境数据流动规制发展要求

在全球化时代,治理概念的内涵和外延得到极大的拓展,治理理论的创始人之一詹姆斯·罗西瑙(James Rosenau)认为:治理是通行于规制空隙之间的那些制度安排,或许更重要的是当两个或更多规制出现重叠、冲突时,或者在相互竞争的利益之间需要调解时才发挥作用的原则、规范、规则和决策程序。③ 全球治理委员会认为,治理包含四个特征:第一,治理不是一套规

---

① 姬德强.数字平台的地缘政治:中国网络媒体全球传播的新语境与新路径[J].对外传播,2020(11):14-16.
② 赵月枝."新地球村"想象[J].新闻与传播评论,2020(1):1.
③ 罗西瑙.没有政府的治理[M].张胜军,刘小林,等译.南昌:江西人民出版社,2001:6.

则条例,也不是一种活动,而是一个过程;第二,治理的建立不以支配为基础,而以调和为基础;第三,治理同时涉及公、私部门;第四,治理并不意味着一种正式制度,而确实有赖于持续的相互作用。① "全球治理"是指由国家、非政府组织、私营企业等其他行为体构成的多权力中心的国际社会,通过相互磋商与合作,建立具有自我实施性质的国际制度、规则和机制,以此来解决全球性问题的过程。②

在信息社会背景下,治理的数字化、平台化转型促使治理方式悄然改变,全球治理离不开数字化转型的内生逻辑和发展趋势,跨境数据流动的全球治理意味着新的治理过程、新的治理规则,以及治理社会的新方式。③ 全球治理理论脱胎于传统国际关系理论,又属于一种与之相区别的国际政治研究新视角,需要立足于核心治理问题,以"治理"为本,着眼世界主义向全球主义、全球化现实演进的必然规律,将全球化转型列入治理概念本身的演进与发展之中。

"规制治理"(regulatory governance)将规制与治理有机结合,丰富了全球治理的内涵,对其进行研究分析有助于全球治理理论的更新与发展。全球性规制是治理过程的权威来源。规制治理指利用多元的治理主体,引入多元的治理工具,通过更好、更公平、更有效率、更具参与性的治理体系,来实现规制任务。④ 政府与国际组织、互联网企业等多元主体在整合自我规制与政府规制的优劣基础上,通过分享信息、观念、资源与政策,实现这两种规制形式的合作。⑤ 具体到跨境数据流动,不仅仅单纯存在于国家与国家间,

---

① 卡尔松,兰法尔.天涯成比邻:全球治理委员会的报告[M].赵仲强,李正凌,译.北京:中国对外翻译出版公司,1995:2-9.
② 郎平."多利益相关方"的概念、解读与评价[J].汕头大学学报(人文社会科学版),2017(9):75-81.
③ From "big government" to "big governance"[M]//LEVI-FAUR D.The Oxford handbook of governance. Oxford:Oxford University Press,2012:3-18.
④ 宋华琳.迈向规制与治理的法律前沿:评科林·斯科特新著《规制、治理与法律:前沿问题研究》[J].法治现代化研究,2017(6):182-192.
⑤ 刘绍宇.论互联网分享经济的合作规制模式[J].华东政法大学学报,2018(3):72-82.

大洲与大洲之间,有学者提出,政府与平台的合作规制应该是合作监管。①

从规制到合作,是网络空间命运共同体倡议和跨境数据流动规制的一大创新,尽管各国跨境数据流动的规制"各自为政",但规制或合作的目的并不是为了趋同,而是在承认差异的前提下满足数据自由流通和数据权利保护的双重目标,消除隐形制度壁垒,形成社会共治与良性循环,从而实现全球治理。②

综上,跨境数据流动涉及"属地管辖、本地化要求、数据安全、国家数据主权、隐私保护"③等重大议题,已成为国际政治、经济和贸易领域新的博弈焦点,这对各国国内监管政策的完善与国际规则的制定提出新的挑战。如何实现跨境数据流动规制与国际传播命题的协同演进④,对其进行合理、有效、全方位规制,既是全球数字经济发展和国际经济贸易的刚性需求,又是解决全球治理领域中"政治间博弈、跨文化调适和国家主权维护与战略考量"这个复合型命题的迫切需要。

面对跨境数据流动给互联网治理带来的困境,应该由谁来制定规则和标准,如何规制更为有效?目前已有的跨境数据流动规制实践成效如何?跨境数据流动规制应该遵循哪些原则?具体到中国来说,如何扮演一个大国规制者角色,推动跨境数据流动的规制,实现对西方理论框架甚至是实践的双重超越,更好地构建网络空间命运共同体?

针对以上问题,本书从跨境数据流动的规制角度切入,梳理跨境数据流动风险,围绕其规制主体、类型和国际社会实践中的竞争合作等层面展开研究,深入分析国与国之间博弈的焦点,为构建以安全有序为导向的跨境数据

---

① 郭海,李永慧.数字经济背景下政府与平台的合作监管模式研究[J].中国行政管理,2019(10):56-61.
② TJOSVOLD D.Cooperation theory and organizations[J].Human relations,1984,37(9):743-767.
③ 王中美.跨境数据流动的全球治理框架:分歧与妥协[J].国际经贸探索,2021(4):98-112.
④ BARNETT G A,DANOWSKI J A.The structure of communication:a network analysis of the international communication association[J]. Human communication research,1992,19(2):264-285.

流动规制实践提供参考指引,为网络空间命运共同体的构建提供进一步的研究思路。

**二、跨境数据流动规制:国际视角与本土实践**

跨境数据流动研究是一个涉及政治、经济、军事、文化、传播等的跨学科研究议题,早在1992年就有国外学者提出,跨境数据流动是一个跨学科术语,必须从技术、法律、经济、社会文化和政治等综合视角来认识。本书将从国际传播视角、国际关系学视角、风险研究、规制研究等角度展开国内外的研究现状综述。

(一)国际传播视角

随着数字技术进入传播场域,互联网整合了人际传播与媒介传播,媒介融合达到前所未有的规模,研究者开始关注数据流动与媒介技术给国际传播研究及实践带来的影响,但相关研究数量不多,议题也相对分散,主要集中在传播生态变迁、传播者与受众的关系、媒介技术及其规制等方面。

数字化流动带来了全球传播生态的变迁。芭比·泽利泽(Barbie Zelizer)认为,网络时代中,传媒业遭遇了巨大的不确定性(uncertainty)。[1] 简·梵·迪克(Jan Van Dijk)认为,传播革命的关键在于新媒体的三个特征:集成(integration)、互动(interactivity)与数字信号(digital signal)。[2] 文字、图像、音视频等符号得以数字化流动在互联互通的网络空间中,意味着国际传播研究出现了"物质性转向"(materiality turn)[3],其介质特征正在淡化甚至消失。陆晔等提出,信息与信息控制的边界正在液化、弥散,传统传

---

[1] ZELIZER B.Terms of choice:uncertainty,journalism,and crisis[J].Journal of communication,2015,65(5),2015:888-908.
[2] 梵·迪克.网络社会:新媒体的社会层面[M].蔡静,译.2版.北京:清华大学出版社,2014:6.
[3] HONDROS J.The internet and the material turn[J].Westminster papers in communication and culture,2015,10(1):1-3.

媒业面临权威性资源的弱化。① 隋岩等将新的传播格局命名为"群体传播时代"②。彭兰认为,新媒体时代中人与物、人与环境的数据互动带来了"万众皆媒,万物皆媒"的大众传播新图景。③

数字技术改变了传播者与受众的关系。传统媒体时期的传播者与受众的关系更多的是我写你读,到了互联网时代,各种数据形式深刻而直接地影响了新闻建构过程。在新的传播格局中,媒介与用户互嵌并重新连接了社会,普通用户被赋予"大众传播权"。相较于传统时代,新格局中普通用户的权利更多了,"人类正是通过传播把握并参与实在"④。受众或用户被纳入传播研究的分析视野之中,受众赋权,传播者去权,这使得传媒行业的把关过程面临考验,"用户新闻学"⑤、"受众中心的传播研究"⑥应运而生。

新媒体数字技术正在重新定义传媒行业,技术因素日益影响着新闻的生产、应用、传播等过程。帕布鲁·博奇科夫斯基(Pablo Boczkowski)的《数字化新闻:网络报纸的创新》(*Digitizing the News: Innovation in Online Newspaper*)在传媒业受到技术挑战的背景下出版,属于传媒行业数字化转型的早期研究著作。⑦ 随着流量成为传播效果的重要衡量指标,媒体利用数字技术来监测、分析、掌握受众的新闻消费习惯⑧,受众分析技术重塑新闻角

---

① 陆晔,周睿鸣."液态"的新闻业:新传播形态与新闻专业主义再思考——以澎湃新闻"东方之星"长江沉船事故报道为个案[J].新闻与传播研究,2016(7):24-46.
② 隋岩,曹飞.论群体传播时代的莅临[J].北京大学学报(哲学社会科学版),2012(5):139-147.
③ 彭兰.新媒体传播:新图景与新机理[J].新闻与写作,2018(7):5-11.
④ 延森.媒介融合:网络传播、大众传播和人际传播的三重维度[M].刘君,译.上海:复旦大学出版社,2014:16.
⑤ 刘鹏.用户新闻学:新传播格局下新闻学开启的另一扇门[J].新闻与传播研究,2019(2):5-18,126.
⑥ WITSCHGE T, ANDERSON C W, DOMINGO D, et al. The SAGE handbook of digital journalism[M].Los Angeles:Sage Publications,2016:546-561.
⑦ BOCZKOWSKI P J.Digitizing the news: innovation in online newspapers[M].Cambridge:MIT Press,2004.
⑧ 白红义.点击改变新闻业?——受众分析技术的采纳、使用与意涵[J].南京社会科学,2019(6):99-108.

色、价值、规范和实践①。

另外,随着数字技术的快速发展,在互联网构筑的场域中,数字媒体的可移植性和流动性越来越强。在线新闻付费、地方(地区)新闻、新闻信任、误导新闻或者假新闻、电子邮件通信的复苏等涉及数字化、跨境数据流动的新闻传播议题成为2020年牛津大学路透社数字新闻报告关注的重点问题。② 随着新冠病毒大流行,"信息疫情"③这一现象频现,其传播超脱了病毒所处的物理空间,呈现出数量大、传播广的特点,它使信息真假难辨,有较强的危害,除了引发公众对疫情的恐慌,还会给相关社会领域的平稳运行带来重大影响。另外,互联网传播场域中人工智能、区块链等技术将给新闻传播领域带来怎样的变化,需要学界和从业人员具有审慎的反思和批判精神,今后的研究要重点落到技术对规则的重塑上,以保证新闻的公共性。

(二)国际关系学视角

随着数字技术的全球化发展,数据作为网络空间的核心元素,成为大国竞争与博弈的重要领域和重要工具,"得数据者得天下"④,数据主权也必将成为各国的博弈对象。目前,学者们主要将目光聚焦在网络新技术对国际关系的影响、数据主权、网络空间安全与规制等议题上。

权力(power)是国际关系研究的核心概念,技术成为国际秩序构建的重要因素,由内而外地推动了国际体系变革的发生。罗伯特·基欧汉(Robert Keohane)和约瑟夫·奈(Joseph Nye)在《权力与相互依赖》一书中阐释了信息对国家权力的影响,网络空间中信息资源的配置和使用会影响到国际政

---

① HANUSCH F.Web analytics and the functional differentiation of journalism cultures:individual, organizational and platform-specific influences on newswork[J].Information,communication & society,2017,20(10):1571-1586.
② 沈春鹏,张瑞坤.2020年牛津路透社数字新闻报告解读与启示[J].新闻论坛,2020(6):54-57.
③ Infodemic[EB/OL].[2024-02-11].www.who.int/health-topics/infodemic#tab=tab_1.
④ 迈尔-舍恩伯格,库克耶.大数据时代:生活、工作与思维的大变革[M].盛杨燕,周涛,译.杭州:浙江人民出版社,2013:294.

治的权力关系。① 互联网改变了传统的国家主权边界,数字技术的发展导致了传统权力的分散化,权力正在从国家行为体向非国家行为体扩散。② 通过技术赋权,许多新的社会个体、团体和自组织网络在不同程度上削弱或者转移国家在经济、媒体、社会和外交领域的权力。③ 多元化的传播主体在改变信息传播秩序的同时也在改变国家主权的信息监管规则和方式。④

国际关系学界还关注跨境数据流动给网络空间所带来的安全威胁。亨利·基辛格(Henry Kissinger)在《世界秩序》中指出,网络空间挑战了所有历史经验,带来的威胁尚不明朗,无法被定义和定性。⑤ 亚历山大·克里姆伯格(Alexander Klimburg)认为,网络空间正在变成一张充满征服与被征服的"渐暗的网"。⑥ 自2013年"斯诺登事件"后,跨境数据流动带来的冲击比我们想象中更加凶猛,信息技术与政治互动、交融,数据流动的政治影响也越发明显,它在更多领域中越来越独立地发挥作用。人工智能加速网络空间攻防对抗,网络空间军备竞赛更是愈演愈烈。⑦ 各国政府认识到数据在国家政治和安全领域中的价值,将跨境数据流动议题纳入政治范畴,跨境数据流动成为当前国家间政策博弈最为复杂的领域之一。

网络空间治理的模式选择与路径也成为国际关系研究的议题,研究者探讨应采用何种方式对这个领域进行治理。大部分学者从网络空间的技术属性出发,偏向于去政府化进行网络空间治理。弥尔顿·穆勒(Milton Mueller)指出,新的治理机构提供了新制定的相关互联网标准,使凭借新型

---

① KEOHANE R O,NYE J S.Power and interdependence[M].London:Pearson,2011:182.
② 奈.权力大未来[M].王吉美,译.北京:中信出版社,2012:160-176.
③ 郎平.主权原则在网络空间面临的挑战[J].现代国际关系,2019(6):44-50,67.
④ 任孟山.信息空间与地理空间:网络传播与国家主权的张力[J].现代传播(中国传媒大学学报),2011(6):111-114.
⑤ 基辛格.世界秩序[M].胡利平,林华,曹爱菊,译.北京:中信出版社,2015:452.
⑥ KLIMBURG A.The darkening web:the war for cyberspace[M].New York:Penguin Press,2017:11.
⑦ 刘杨钺.技术变革与网络空间安全治理:拥抱"不确定的时代"[J].社会科学,2020(9):41-50.

跨国网络政策以及凭借新型治理形式来解决互联网治理问题成为可能。①美国学者劳伦斯·莱斯格（Lawrence Lessig）认为,在网络空间范畴中,代码就是法律。法律、社会规范、市场和技术是规范互联网的四要素,但法律对自由的支持有限,社会规范下人们可以用脚投票,市场不提供保护机制,而技术将构成对网络行为的一整套约束。②"数据主权与数据跨境传输问题是当下信息化、国际化新时期的重大现实命题。"③目前,国际社会均承认数据主权的存在,争议较大的是在何种程度上、以何种方式对相关信息传播系统、信息、数据内容进行保护、管理和共享。我国学者齐爱民最早提出了数据主权包括数据管理权和数据控制权,其中,对数据跨国流通的管理控制是数据主权的重要内容。④

（三）风险研究与规制研究视角

在网络研究的初期,许多研究者沉浸于媒介变革、网络互联、数据流动带来的美好蓝图中,更关注互联网开放、自由的特征,他们对网络传播的负面影响估计不足。约翰·佩里·巴洛（John Perry Barlow）曾于1996年发表《赛博空间独立宣言》（*A Declaration of the Independence of Cyberspace*）,该宣言提出"网络空间永远不需要受到法律的规制和政府的管辖",他认为网络应是一个不受规制的自由空间。随着互联网应用领域的拓展、使用群体的扩大,因数据流动带来的负面影响日渐凸显。

现代社会的强流动性、结构性变迁加剧了风险的积聚和蔓延,推动了风险的再生产,加剧了数字流动风险的不确定性和复杂化,认识、预防、控制风险逐渐成为一个重要的命题。数据的自由流动属性与风险社会不断扩大的

---

① 穆勒.网络与国家:互联网治理的全球政治学[M].周程,鲁锐,夏雪,等译.上海:上海交通大学出版社,2015:5-6.
② LESSIG L.Code,and other laws of cyberspace[M].New York:Basic Books,1999:6.
③ 吴沈括.数据跨境流动与数据主权研究[J].新疆师范大学学报（哲学社会科学版）,2016(5):112-119.
④ 齐爱民,盘佳.数据权、数据主权的确立与大数据保护的基本原则[J].苏州大学学报（哲学社会科学版）,2015(1):64-70.

跨境数据流动：规制与进路

现状相互交织，呈现出内生性、延展性和全球性的特征，并相互构成挑战。跨境数据流动与风险、挑战紧密相连，众多学者围绕这一议题展开深入思考和广泛讨论。

根据英国学者狄波拉·勒普顿(Deborah Lupton)的《风险》一书，风险意味着一桩事件的"可知和可见"的不可预判性以及不确定性。同时，这一概念也包含着机遇与可能，以及挑战与破坏。① 德国哲学家乌尔里希·贝克(Ulrich Beck)所言的"风险社会"成为不可逆转的全球性现象，风险的扩散、转移和嫁接以及其在互联网时代的数据化、商业化发展倾向，不仅没有解决资本主义全球化的根本危机，反而加重了其恶劣程度，并使之过渡到另一个阶段。②

物联网和5G等技术的兴起，带来了越来越多的隐私安全问题，使得跨境数据流动的风险不但存在于互联网空间中，而且发生了一定意义上的实体性转向，移动终端设备更多地被用来网上购物、看视频和玩游戏，这代表着更多的跨境数据传输以及更多的云服务，需要智能计算技术的辅助性分析。③ 由于5G在处理数据上的能力以及潜在的经济影响，它成为美国和中国之间技术、贸易冲突的关键因素。在技术—社会的视角下，数据流动的风险评估也需要多学科考察，如多种物联网应用程序等软件的管理使用、社会科学的管理学、结构性分析等多框架的配合性测量与监视。④ 本书也将风险管理引入研究之中，以规避勒普顿关于风险预言的破坏性。

剑桥分析公司在2016年利用数据影响英国脱欧公投，又在2018年不当取得5000万名脸书用户的数据影响美国大选后，欧洲领导人多次强调数

---

① 勒普顿.风险[M].雷云飞,译.南京:南京大学出版社,2016:6-7.
② 贝克.风险社会[M].何博闻,译.南京:译林出版社,2004:21.
③ SHARMA A,YOGESH.A review on data flow risk based on IoT[C]//2019 International conference on issues and challenges in intelligent computing technique.New York:IEEE,2019:1-6.
④ WANG T,SRIVATSA M,AGRAWAL D,et al. Modeling data flow in socio-information networks:a risk estimation approach[C]//SACMAT '11:proceedings of the 16th ACM symposium on access control models and technologies. New York:Association for Computing Machinery,2011:113-122.

据主权概念。亚伦森·苏珊从人权和国家安全角度对贸易协定中禁止设立信息和数据完全自由条款的根据进行研究。[①] 我国学者密切关注国际信息安全事件:张新宝以"棱镜门"事件为例关注到网络信息安全的法律问题[②];朱光等认为,大数据流动是有生命周期的,在采集、组织与存储、传播与流动、使用与服务、迁移与销毁等不同阶段,人们面临不同的安全风险[③];储昭根在全球信息安全紧密关联的观点下建议制定《网络信息安全国际公约》,同时对信息安全国际行为准则的内容加以补充[④]。部分学者着眼于跨国网络冲突或者网络攻击,他们认为,网络攻击参与力量多样化,间接破坏性强,给国家安全带来巨大风险与挑战。王孔祥[⑤]、黄志雄[⑥]、熊光清与邓思敏[⑦]、张华[⑧]等学者的研究角度虽然不尽相同,但是都坚决反对网络空间的军事化,他们认为,应当努力对现有规则进行补充和完善,推动形成具有法律约束力的国际文件,完善全球互联网治理的体制机制。

从现有的相关研究来看,研究者们更多地关注数据流动所涉及的相关内容,认为跨境数据流动规则主要涉及个人隐私保护、数据安全保护问题。肯尼斯·C.劳东(Kennech C.Laudon)、卡罗尔·圭尔乔·特拉弗(Carol Guercio Traver)提出"信息隐私"概念[⑨],他们认为,信息隐私是隐私权的组成部分,个人拥有对私有信息的控制权。乔尔·R.雷登伯格(Joel R.Reidenberg)在其研究中分析了国际主体采取不同数据信息保护制度的原因。他认

---

① AARONSON S.Why trade agreements are not setting information free: the lost history and reinvigorated debate over cross-border data flows, human rights, and national security[J].World trade review,2015,4(14):671-700.
② 张新宝.论网络信息安全合作的国际规则制定[J].中州学刊,2013(10):51-58.
③ 朱光,丰米宁,刘硕.大数据流动的安全风险识别与应对策略研究:基于信息生命周期的视角[J].图书馆学研究,2017(9):84-90.
④ 储昭根.浅议"棱镜门"背后的网络信息安全[J].国际观察,2014(2):56-67.
⑤ 王孔祥.网络安全的国际合作机制探析[J].国际论坛,2013(5):1-7.
⑥ 黄志雄.国际法视角下的"网络战"及中国的对策:以诉诸武力权为中心[J].现代法学,2015(5):145-158.
⑦ 熊光清,邓思敏.网络战争的伦理约束问题:从正义的角度出发[J].学习与探索,2020(7):33-41.
⑧ 张华.论网络空间自卫权的行使对象问题[J].法学论坛,2021(1):72-80.
⑨ LAUDON K C,TRAVER C G.E-Commerce:business,technology,society[M].London:Pearson,2006:143-159.

为,各国间的数据信息保护制度虽然有差异甚至对立,但是这些不同的数据保护制度可以得到融合,进而推动跨境数据流动规制。①

不同国家的数据行业发展程度、隐私保护传统以及国家安全观念颇具差异性,各国对跨境数据流动进行规制的严格程度有所不同。目前,国际社会形成了两种有代表性的跨境数据流动规制方案:一是欧美单边主导的规制方案;二是中国和东盟促成的多元共治的规制方案。欧美等发达国家更侧重在数字贸易和个人数据保护等领域,成为目前国际数据流动规则的主导。其中,美国强调数据流动自由,欧盟则更注重隐私保护。诺拉·尼·罗甸(Nora Ni Loideain)认为,欧盟和美国之间的跨境数据流动规则经过了从不确定、不成熟到日益细化、适用性更强的发展过程。② 纪梵尼·布塔莱利(Giovanni Buttarelli)则高度评价了欧盟《一般数据保护条例》(General Data Protection Regulation,GDPR)在全球数据保护法规方面的引领作用。③

签订于2020年的《区域全面经济伙伴关系协定》(Regional Comprehensive Economic Parternership,RCEP)体现了发展中国家关注数据流动安全利益的立场。这一方案弱化了标准过高的隐私保护议题,并给缔约方留有更多自由裁量权,有望打破欧美长期以来单边主导的规制格局。基于此,有学者提出中国需要灵活调整数据流动规制与数字贸易合作策略,以稳步推进发展中国家与发达国家在数据流动领域中的多元共治。④ 在数字时代,数据跨境流动已成为全球经济发展的重要驱动力。然而,如何在保障数据安全的前提下,促进数据跨境自由流动,成为优化数据跨境规则的关键。RCEP的数据跨境流动规则与中国国内相关立法存在衔接性不足的问题,这

---

① REIDENBERG J R.Resolving conflicting international data privacy rules in cyberspace[J].Stanford law review,2000,52(5):1315-1371.
② LOIDEAIN N N. The end of safe harbour:implications for EU digital privacy and data protection law[J].Journal of internet law,2016,19(8):8-15.
③ BUTTARELLI G.The EU GDPR as a clarion call for a new global digital gold standard[J].International data privacy law,2016,6(2):77-78.
④ 冯洁菡,周濛.跨境数据流动规制:核心议题、国际方案及中国因应[J].深圳大学学报(人文社会科学版),2021(4):88-97.

给中国带来了挑战。解决这一问题至关重要,它不仅需要中国进一步完善国内立法,以更好地与RCEP规则对接,也需要RCEP在数据跨境规制方面进行必要的改进,以实现数据跨境自由与安全的平衡。①

综上所述,已有的研究大多将注意力放在单一学科领域,如从新闻与数据传播领域来论述传媒与受众的关系以及媒介规制方面的相关问题;从国际关系、法律等领域,针对具体社会现象和风险提出规制性对策。将信息技术领域的国际信息列入跨境数据并对其进行规制的研究相对较少。综合现有文献来看,跨境数据流动规制研究存在以下问题:第一,现有规制体系主要由美国、俄罗斯、欧盟等数据大国或区域组织提出,但跨境数据流动规制是否适用于中国现实及数字全球化背景下众多的发展中国家,需要辩证地看待;第二,对该问题的现有规制研究基本建立在对一国的现状分析上,侧重于竞争与博弈角度,较少从竞争与合作的视角对相关规制开展动态研究。

## 三、跨境数据流动规制的研究方法

### (一)文本分析

由于数据的战略性,各国(地区)制定了诸多跨境数据流动规制的方针政策、法律条文等,用来指导跨境数据流动实践。梳理美国、欧盟成员国、俄罗斯等国家以及以中国为代表的发展中国家在个人信息保护、数据安全、社会文化、经济等方面的跨境数据流动规制,通过文本分析还原其制定的过程和变化,有助于客观地把握跨境数据流动规制的规律和未来走势。本书具体分析了欧盟的《一般数据保护条例》、亚太经济合作组织的"跨境隐私规则体系"(Cross-Border Privacy Rules,CBPR)、美国的《澄清境外数据的合法使用法》、中国在几次世界互联网大会上发出的倡议等,有助于把握跨境数据流动规制的未来走向和构建大数据时代的网络空间命运共同体。

---

① 张学博,王智韬.RCEP数据跨境流动规则与中国数据跨境流动立法研究[J].特区实践与理论,2024(3):98-105.

### (二)比较分析

由于地缘政治、信息安全、国家利益、经济发展水平、文化认知等错综复杂因素的影响,各国以维护本国利益为基本出发点,很难在规制上达成共识。美国与欧盟的规制实践,在规制理念、主体、目标、类型上都存在差异。另外,本书对经济合作与发展组织(OECD)、《全面与进步跨太平洋伙伴关系协定》(CPTTP)、《美墨加三国协议》(USMCA)和世界贸易组织(WTO)等现有国际合作平台进行了比较,发现相关规制模式之间的差异,以此指导中国在建设网络强国和构建网络空间命运共同体,并在寻找各种异同点的基础上,尝试构建比较合理的相对统一的跨境数据流动规制框架。

### (三)案例分析

跨境数据流动规制作为一个不断演进的实践,案例分析是对其进行研究的非常重要的分析方法。本书通过滴滴赴美上市、抗击新冠疫情、跨境电商等具体鲜明的案例论证数字技术对传统社会中社会关系、行为准则、文化理念、思维方式等方面的冲击和颠覆,以小见大地说明开展相关研究的重要性。此外,在个人信息保护、公共利益、网络空间安全等具体内容方面,本书也结合案例进行分析,相较于单纯的理论分析更具说服力和参考价值。

## 四、跨境数据流动规制研究框架

### (一)研究思路

本书在阐释研究背景、梳理文献、明确研究意义、提炼创新点的基础上,深入探讨跨境数据流动的规制动因。本书以跨境数据流动的主体分析、规制类型选择、规制国际竞争与合作三个维度为着眼点,为形成全球范围内相对统一的跨境数据流动规制体系提供一种可能,为构建网络空间命运共同体的合作共赢新型国际关系开辟了新的思路。

## (二)基本内容

第一章从历史和逻辑两个维度对数据、数据流动、跨境数据流动及其规制展开剖析,梳理了数据从计算代码到成为网络连接资本的发展脉络,探讨了数据流动作为互联互通底层逻辑的作用,以及跨境数据流动从互联网传播到全球化时代互联网传播的演变过程。

第二章探讨了跨境数据流动的意义和面临的风险,其意义包含安全价值、经济价值、社会与文化价值;其风险包括政治风险、经济风险、技术风险、社会与文化风险等方面。本章还探析了跨境数据流动风险产生的深层次原因,包括国家综合实力、互联网自由论、互联网垄断企业和国家政策规制能力等方面的影响。

第三章论述了跨境数据流动规制的主体。跨境数据流动的规制主体有政府、国际组织,以及包括个人、技术社群、互联网企业、行业组织等相关主体在内的协同主体。我们需要充分调动各主体,形成多元协同共治的局面。

第四章在前文规制要素分析的基础上,梳理了跨境数据流动规制的类型,主要包括信息技术规制、政策法规规制、数字经济规制和社会文化规制等。在规制建立中,要平衡不同的利益诉求与规制目标,共同促进网络空间命运共同体时代跨境数据流动规制的形成。

第五章选取了国际社会中的主要经济体,如欧盟、美国、中国,分析其跨境数据流动规制实践,从其进程、特点以及体系构建展开比较分析,为后续的体系构建提供借鉴。

第六章在综合分析跨境数据流动规制中合作与竞争情况的基础上,提出网络空间命运共同体是跨境数据流动规制构建的指导思想,并提出了跨境数据流动规制的构建原则、路径与规制体系。

## 五、跨境数据流动规制研究的创新与挑战

### (一) 研究创新

跨境数据流动是数字时代网络空间治理的重要议题,本书就跨境数据流动的规制这一命题展开分析,并以实证和案例分析加以验证,对于我们理解跨境数据流动的内涵、发展态势以及有序规制具有一定意义。本书的创新点主要包括如下几个方面。

第一,拓宽了跨境数据流动规制研究的学科视野和观察视角。国内外学者对跨境数据规制的已有研究主要集中于法理、国际贸易、国际关系等单一领域,少有学者从国际传播角度与国际关系的前沿交叉学科角度对跨境数据流动规制进行系统研究。研究重点也是围绕某一问题进行研究,或者着眼于对新规则的改革进行分析与对比,仍有不足和空白。本书以跨境数据流动规制作为主要研究对象,从国际关系学、国际传播学、经济学、法学等跨学科的角度探讨了相关问题。

第二,丰富了跨境数据流动规制研究的层次。本书通过梳理数据、数据流动和跨境数据流动及其规制等基础概念,从跨境数据流动的价值与风险出发,讨论了跨境数据流动规制的主体多元化,提出政府是跨境数据流动规制的规则制定者,互联网企业和数字平台是跨境数据流动的参与者和实践者,用户或者说个体是数据的创造者,而各类技术社群、国际组织也在其中发挥着积极作用。在明确跨境数据流动的参与主体后,本书弥补了现有大量相关研究仅仅从监管者角度进行政策的制度文本研究的不足,提出要从法律、政策、技术、经济、社会文化认同等方面来开展跨境数据流动规制。

第三,拓展了跨境数据流动规制研究的深度。本书选取欧盟、美国与中国的跨境数据流动国际规制实践开展比较分析,综合分析其规制进程、特点,客观指出现有规制条款中的优势与不足,为未来跨境数据流动规制

提供一些可资借鉴的方法和对策参考,同时也为国际合作,特别是构建人类命运共同体时代的新型国际共赢合作关系奠定坚实的基础。

总体而言,本书力求通过多学科交叉视角,从国际关系、国际传播学、法学、经济学等角度对跨境数据流动规制研究进行分析;对国际社会主流国家或地区的实践展开对比分析,力求实现研究的实效与深度,以一种动态跟踪的研究精神对数据规制进行剖析。

(二)研究难点

本研究的难点主要体现为,跨境数据流动是一种动态发展的现象,涉及因素较为复杂,从国际关系学、国际传播学、经济学、法学等跨学科的角度探讨其规制问题,搭建综合框架体系,需要更具敏锐性与历史深度的分析。另外,从法律、政策、技术、经济、社会文化认同等方面来开展跨境数据流动规制构建时,我们还需要进一步打通理论与实践层面的相关性,进行辩证综合分析。

# 第一章　跨境数据流动与规制的概念与内涵

本章以基础概念分析为主，讨论何为数据、数据流动及跨境数据流动的问题，为后文的规制研究奠定基础。从数据的起源看，数据有"小数据"和"大数据"之分。小数据对应前互联网时代，追求数学计算结果及其运算过程的准确和实用；大数据对应互联网时代，形成了数据驱动的大数据跟踪运算、算法个性服务、互联网传播模式以及可以预见的"人、机、物"万物互联局面，带来了信息传播形态上的变化。具体来说，信息传播形态上的变化就是信息化、数字化、全球化这三大基本动向：信息化指向传播内容变化；数字化指向传播技术变化；全球化指向传播内容及传播范围的变化。

## 第一节　数据与数据流动

随着经济社会快速发展、科技水平不断进步，互联网的内涵和外延也在逐步演变和丰富，大数据时代已经来临。梳理数据的历史发展脉络，准确界定数据的概念与内涵、厘清数据的流动逻辑，是跨境数据流动规制的必要前提。

## 一、数据的概念与内涵

### （一）数据的属性与发展

全球互联以前,数据仅作为一种计算代码或计算工具而存在,在数学、信息学等自然科学领域发挥重要的关键性作用。进入以数据驱动的全球化新时代,数据的计算代码性质仍然突出,云计算对计算能力和存储能力的需求,促进了大规模数据中心的飞速发展。伴随而来的是,云计算数据中心面临着巨大的能耗问题。近几年,云计算数据中心的硬件规模受到云计算弹性服务、可扩展性等特性的影响极度膨胀,使云计算的能耗问题由过去的分散能耗问题变为集中能耗问题。归根结底,这些派生性问题都是由数据本身的计算性和扩展性等代码特征决定的,这也是数据发展的起点和本位性逻辑。

没有绝对一成不变的、本质主义的数据。随着互联互通和跨境流动成为不可逆转的趋势,数据作为一种互联资本,已经超越了数学等自然科学中用于演绎和推理的"方程式"和"计算器"的范畴,从单纯的计算代码演变为网络资本,并且逐步走向社会科学研究领域以及社会流通的大舞台,扮演越来越重要的角色。从数据的演变可以看出,其内涵和形式都发生了革命性变化,数据本身已不再只是一种计算机处理的程序代码,它掺杂了多种介质和影响要素。从传播与媒体研究角度看,数据成为关键的连接中介,数据在"媒介化"这一过程中也得以"资本化",资源特征在此逐渐被揭示出来,而对这一资源的开发和利用逐渐成为大家关注的焦点。

数据作为当今时代重要的基础性资源,深刻改变了社会、经济、教育、文化和技术领域的认识论和方法论,引发了人类对客观世界和社会管理方式的改变。另外,数据管理方式也随着数据存储、管理以及相关分析的逐步变革而发生变化。数据管理方式反映了对数据流动进行规制的方式,我们应对大数据的基本概念进行剖析,并对大数据的主要应用进行简单对比。在此基础上,我们可以阐述大数据处理的基本框架,并就云计算技术对于大数据时代数据管理所产生的作用进行分析,归纳总结大数据时代所面临的新挑战。①

**(二)数据的概念**

通过梳理数据的历史发展规律,在了解数据的代码属性与资本属性的基础上,本书对数据的概念进行了系统的梳理。维克托·迈尔-舍恩伯格、肯尼思·库克耶如此诠释大数据:"以一种前所未有的方式,通过对海量数据进行分析,获得有巨大价值的产品和服务,或深刻的洞见。"②数据依托于互联网,不同于传统的纸质文字或图像信息。在早期规则中,"数据"常与"信息""隐私"一起作为个人数据加以保护,例如:1973年美国的《隐私法》将数据列入个人的隐私权进行规制。随着科技发展,数据愈来愈重要,可以区分出来单独研究,从国外学者的研究倾向及其主要观念来看,数据被看作"个人数据",被视为公民个人的权利,和公民隐私权一样受到保护。

本书认为,数据是受计算方法和信息技术发展影响,追求准确和实用的一种计量表示方式。在互联网时代,数据是指"人、机、物"三元世界在网络空间中相互影响、相互融合所产生,并在互联空间可获得的载体形式。

**(三)大数据与小数据**

有学者曾指出,从"数"到"小数据"再到"大数据"的历史演变进程可大致划分为三个阶段:数的产生、科学(小)数据的形成和大数据的诞生。③ 在前互联网传播时代,数据是一种区别于"大数据"而存在的"小数据"。④ 计算方法和信息技术发展将不可避免地导致数据的诞生。数据的发展进而导致

---

① 孟小峰,慈祥.大数据管理:概念、技术与挑战[J].计算机研究与发展,2013(1):146-169.
② 迈尔-舍恩伯格,库克耶.大数据时代:生活、工作与思维的大变革[M].盛杨燕,周涛,译.杭州:浙江人民出版社,2013:4.
③ 刘红,胡新和.数据革命:从数到大数据的历史考察[J].自然辩证法通讯,2013(6):33-39.
④ HAND D J,DALY F,MCCONWAY K,et al.A handbook of small data sets[M].London:Chapman & Hall,1993.

了两次科学技术革命:第一次科学技术革命是从数据与自然哲学的融合开始的。第二次科学技术革命证明了数据的基本特征,以大数据为标志,"万物皆数"的概念成为现实。虽然在互联网时代,某些特定的局部数字领域中仍然存在"小数据"现象,但总体而言,随着互联网传播技术的不断更新、全球化信息流通速度的加快以及互联互通成本的降低,"大数据"已经逐渐成为主流趋势。① 大数据是指具有规模庞大、类型多样和结构复杂特征的海量数据集合。这些数据通常存储在云端,人们可以通过分析和可视化技术来进一步挖掘数据的运算过程或结果。② 互联网在某种程度上与数据互相建构,形成了数据驱动的互联网传播模式,网络数据作为公众活动的符号表征广泛应用于政治、经济、军事、文化等各个社会领域,相应的挑战和机遇也随之出现。③ 有学者指出,互联网时代的大数据是指"人、机、物"三元世界在网络空间中交互融合所产生的人们能在互联网上获取的数据形式。

尽管大数据时代已经来临,但这并不意味着传统小数据及其社会科学研究方法的没落。虽然大数据有着诸多的优势,但它在短时间内无法取代抽样调查和实验研究等小数据研究在社会科学中的地位,这受到科学技术发展的有限性、社会科学研究自身的特点以及人类社会的复杂性等多方因素的影响。④ 在数据时代,无论是海量大数据还是抽样小数据,它们都具备各自不同的优势与劣势。

大数据具有数据全面、覆盖面广、实时性强等优点,但同样也存在不足之处,比如因数据的割裂、封闭而形成数据孤岛,可能存在数据源偏差等。究其本质,小数据是追求准确和实用的。在信息和数据不完整的情况下,面

---

① DAVENPORT T H, BARTH P, BEAN R. How "big data" is different [J]. MIT sloan management review,2012,54(1):43-46.
② SAGIROGLU S,SINANC D.Big data:a review[C]//2013 International conference on collaboration technologies and systems.New York:IEEE,2013:42-47.
③ LABRINIDIS A,JAGADISH H V.Challenges and opportunities with big data[J].Proceedings of the VLDB endowment,2012,5(12):2032-2033.
④ 唐文方.大数据与小数据:社会科学研究方法的探讨[J].中山大学学报(社会科学版),2015(6):141-146.

向需求的小数据,反而具备代表性。相对于大数据,"以最少的数据获得最多信息"是小数据的价值所在。但小数据也存在细节模糊、结构化不足、时间周期长、抽样偏差等问题。无论是大数据,还是小数据,都是局部数据,过度信赖哪一种数据只会导致"盲人摸象"。

大数据和小数据各有千秋,但不可避免会有一定的片面性和局限性,要想看到事物的全貌,最好的解决办法是大数据和小数据能够有机地融合在一起,形成相互补充的伙伴关系。大数据与小数据深度融合,形成智能数据应用,是未来数据发展的趋势。

## 二、数据流动的属性与概念

### (一)流动性:数据的内在逻辑

在数据研究领域,由于数据自身的计算与交互特性,数据的采集、存储、处理和传输自然地具备了流动的特征逻辑。因此,流动是数据的自在性、自洽性逻辑,没有流动性的数据是没有价值的。数据又是便于复制的,因而数据流动是方便可行的。根据曼纽尔·卡斯特(Manuel Castells)在《网络社会的崛起》一书的论述,电子信息产业由于"节点"的技术,即一种电子交换器、路由器及新的网络传输技术的结合,产生了革命性变化。作者指出,第一个工业化电子交换器——ESS-1 是贝尔实验室于 1969 年研发的。到了 20 世纪 70 年代中期,集成电路技术的进步使数字式交换器较之模拟式装置,在速度、威力和弹性等方面有所增强。除此之外,激光通信技术与光纤技术、数码封包传输技术等技术的大幅进步,也使得数据流动从纸上谈兵成为社会现实。①

智能技术、云计算、云端服务、互联网科技使得数据处理和传输流通进一步实现有目的性的转换和流动,达到数据的聚拢与整合。在未来的智能

---

① 卡斯特.网络社会的崛起[M].夏铸九,王志弘,等译.北京:社会科学文献出版社,2001:52.

场景中,大数据加上算法,会成为人机互动的崭新形式,并进一步促进人类行为的数据再流动、再贡献,人机之间的共生、协作。人机彼此赋能,并可能实现共同进化。

(二)外部性:数据的外在张力

数据流动的力量已经深刻影响了政治、经济、文化的发展,它既能打破信息传播壁垒,推动社会发展,又会给个人思维与生活带来冲击,对社会稳定、国家安全形成威胁。数据兼具正外部性和负外部性。正外部性带来广泛的社会福利,如大数据驱动下的人工智能不断优化,不论是否亲自提供相关数据,人们也能享受到服务质量提升带来的便利。如今日头条的成功,使其成为互联网时代内容制作的典范。通过大数据算法分析来为客户推荐定制化内容,几乎成为现在网络平台的通用做法。负外部性则可能对他人的利益造成损害,比如,甲没有主动分享过信息,但因为乙分享的数据,甲的隐私也可能会被暴露。又如,谣言和极端观点可以通过社交媒体的"回音壁"效应使受众形成"信息茧房",导致负面效应加剧,甚至引发社会动荡。正如2024年世界电信和信息社会日的主题所言——"数字创新促进可持续发展"。

(三)数据流动的概念

数据是所有流动形式的载体或中介,流动的实现离不开数据的支撑,而流动本身也是数据的内在逻辑和本质特征。具体来说,数据不流动,数据就不能对社会各个领域产生作用,而各关键领域之所以能借由数据相关联而产生叠加效应,也正在于数据的可通约性和流动状态。作为一个社会科学研究的关键概念,流动指的是研究对象的时空位移,如作为研究对象的人的流动,尤其是劳动力的流动。[①] 本书认为,数据流动是数据存在并真正对社会领域产生作用的根本性原因。

---

① 李培林.流动民工的社会网络和社会地位[J].社会学研究,1996(4):42-52.

数据流动带来了数据的累积和不同小数据的汇集,以及数据语言本身的可供性、可学习性①,最终形成了大数据时代真正发挥作用的"数据理性"社会治理形态。数据成为这个时代的核心资源,要想实现更公平、更安全、更高效的目标,数据治理必然是人们关心的重要议题。作为连接技术创新与政府治理的分析框架,传统的电子政务等技术驱动的"电子"理论无法为以"数据流动"为特征的新现象、新工具和新问题提供社会理论支持。因此,我们需要建立数据驱动或更为根本的"数据流动"视角②,动态、多维、分层次地规制数字流动所构筑的新空间中的原则和价值标准。

### 三、数据流动的逻辑

(一)数据流动与网络传播的互联互通

数据的流动和网络传播时代各网络节点的互联互通形成了一组互构关系。产业/产品的互联(the Internet of Production,IoP)得益于数据流动本身的正面效应,能够有效减少边际效应递减和市场流通等环节所带来的不利影响。相应地,数据流动所带来的安全性隐患和隐私性危机也给网络传播的互联互通带来了双刃剑式次生危机。有学者指出,对IoP生产过程中的有效板块进行调查分析,可以有效地缓解安全性和隐私性困扰等数据流动所带来的影响。③

因此,数据流动为网络传播的节点化和可受益化带来益处的同时,网络传播及其互联网空间的塑造也给数据流动的方向、形态、安全性考量等诸多环节带来反作用力。针对数据流动的规制正是基于上述两点展开:既要关

---

① DAVIS A L,KELLER R M.Data flow program graphs[J].Computer,1982,15(2):26-41.
② 黄璜.对"数据流动"的治理:论政府数据治理的理论嬗变与框架[J].南京社会科学,2018(2):53-62.
③ PENNEKAMP J, HENZE M, SCHMIDT S, et al. Dataflow challenges in an internet of production: a security & privacy perspective [C]//CPS-SPC'19: proceedings of the ACM workshop on cyber-physical systems security & privacy, New York: Association for Computing Machinery,2019:27-38.

注数据流动对互联网世界的改造,放大其益处,又要警惕数据流动本身的自由主义发展倾向,用规制手段加以约束,促使其规避工具理性而发挥其相应的价值理性。

(二)数据共享与数字化互联互通

数据及其"数字化"过程,构成了互联网时代互联互通现状,并且是未来万物互联的底层逻辑基础。数据流动的特征化、特色化发展路径,也在一定程度上和网络传播的速率密切相关。流量存在一定程度的倾斜状况,流量分布不均衡不是一个秘密。较大的流量及流量池和传输速度高度相关,而网络拥堵情况和传输器配置情况是影响数据流动,也就是网络传播速率的关键因素。改善网络传播的相关配置,也能在一定程度上促进数据流动。[1]

数字化全球版图的绘制与数据流动密不可分,二者推动全球性互联网的互联互通。在数据开放时代,数据流动的方向不固定、速率不均等导致在获取、使用数据上存在多种可能。开放数据是机器可读的、可公开获得的非收费数据(信息内容),它可以来自外部合作伙伴和用户开发的软件和应用程序。开放数据应用程序的常见功能是基于位置的标识,如通过地图可视化展示交通和运输的实时流量监控数据。[2]

大数据具有复杂性、不确定性和涌现性,反映了网络空间感知与数据表示、网络大数据存储与管理体系、网络大数据挖掘和社会计算以及网络数据平台系统与应用等方面的主要问题与研究现状,并使人们开始对大数据科学、数据计算需要的新模式与新范式、新型的 IT 基础架构和数据的安全与隐私等方面的发展趋势有所展望。[3] 因此,大数据的科学问题,网络大数据

---

[1] ZHANG Y, BRESLAU L, PAXSON V, et al. On the characteristics and origins of internet flow rates[C].SIGCOMM '02: proceedings of the 2002 conference on applications, technologies, architectures, and protocols for computer communications. New York: Association for Computing Machinery, 2002: 309-322.

[2] INKINEN T, HELMINEN R, SAARIKOSKI J. Port digitalization with open data: challenges, opportunities, and integrations[J]. Journal of open innovation: technology, market, and complexity, 2019,5(2):1-16.

[3] 王元卓,靳小龙,程学旗.网络大数据:现状与展望[J].计算机学报,2013(6):1125-1138.

的共性规律,网络大数据定性、定量分析的基础理论与基本方法等问题亟须梳理分析、研究整理。

本节主要介绍了数据的发展与演变过程。数据从计算代码走向互联媒介资本,从传统的自然科学领域走向社会科学领域。数据的流动性和可通约性是其发挥实际作用的核心因素。换言之,所有的网络和信息系统都可视为以"数据流动"而运作的社会实践。如果没有数据的流动,大数据无法实现组合并产生叠加效应,现代社会的"数字化"转型也不可能实现,"地球村"也仅仅停留在想象层面,无法付诸实践。

## 第二节　跨境数据流动

网络空间所关联的数据信息空前浩渺、所承载的应用服务包罗万象,跨境数据流动研究涉及政治、经济、军事、文化等领域,我们有必要梳理其内涵与外延、发展历程与现状,进而认识并开拓数据流动应用层面上的价值,以推动数据的有效治理,为跨境数据流动及其规制研究奠定一般原理基础。

**一、跨境数据流动的发展历程**

(一)从网络传播到全球化时代的互联网传播

从网络传播到全球化时代的互联网传播,这一过程经历了一段发展时期。这一时期,技术伴随着第三次革命浪潮发生了根本性变化,资本的强有力介入也对全球性网络空间的形成有助推作用。20世纪80年代以来,受英、美新自由主义的影响,在撒切尔夫人和里根总统等领导人影响下,全球网络空间大众化、普及化,真正开始影响每个普通人的日常生活。可以说,人人都是数据制造者,此时的数据流通,开始从美苏军方的通信代码走向民间,流向衣食住行的各个角落,成为人类生存、生活的基点,人们进入一个由网络建构的、拥有全新内涵的信息化网络社会。受到算法等数字技术的影响,人的生存是一种数字化、节点化且赛博格化的生存,人的交往是媒介化的,而社会各领域之间的沟通与交流也是深刻依托于互联网信息平台的。[①]这势必会导致跨境数据流动与全球化时代的互联网传播深刻交织,并影响全球传播格局与新型国际关系的构建。

(二)跨境数据流动:从历史起点走向动荡不安

早在电报的年代即小数据的年代,跨境数据流动就存在。这一时期的跨境数据流动主要发生在一些欧美国家,彼时的技术协定尚不统一,且电报的运作需要不断编码、解码,而各个主权国家的编码与解码方式又存在较大差异。1865年,"国际电报联盟"(International Telegraph Union,ITU)成立,由此统一的通信协议也开始发挥其载体作用。同时,我们也需要看到关键的政策性文本对跨境数据流动的作用。这一联盟1932年进一步发展为"国际电信联盟"(International Telecommunication Union),并在1947年后成为联合国的专门机构,在技术协议的统一和解决技术方案的冲突过程中发挥了极其重要的作用。这一系列历史事件说明了跨境数据流动及其规制问题的艰难性、复杂性。

数据的跨境流动主要集中于各个主权国家,数据涉及的各方在权利主张上存在交互重叠甚至冲突。数据主权是赋予主权国家的固有权力[②],厘清数据与主权的关系是跨境数据治理的前提。跨境数据流动的管理是国家数据主权的重要内容,各个国家都需要掌握自己的数据所有权、使用权和流通权。跨境数据流动在各个主权国家的共同影响下充满变量和不可控因素。随着全球互联网体系的改革、部分重建,跨境数据流动进入一个较为动荡不安的时期。

---

[①] 彭兰.生存、认知、关系:算法将如何改变我们[J].新闻界,2021(3):45-53.
[②] 吴沈括.数据跨境流动与数据主权研究[J].新疆师范大学学报(哲学社会科学版),2016(5):112-119.

## 二、跨境数据流动的概念

20世纪70年代,经济合作与发展组织(OECD)下设的计算机应用工作组最早将跨境数据流动定义为:"计算机化的数据或者信息在国际层面的流动。"现有文献对"跨境数据流动"有多种英文表述方式,如"trans-border data flows""trans-border flows of personal data""international information transfer""cross-border data flows""cross-border flows of personal data"等。不同于OECD对跨境数据流动的界定,联合国跨国公司中心(United National Center on Transnational Corporation,UNCTC)将跨境数据流动定义为"对跨越国界的数据进行读取、存储和处理的活动"①。澳大利亚法律改革委员会在对《隐私法》进行解释时,则将数据能否被澳大利亚以外的国家接入作为判断数据是否跨境流动的标准。② 另有学者将"跨境数据流动"解释为信息在国际层面的流动③或跨越国家利用数字技术进行数据传输④。从现有绝大部分文献的定义来看,跨境流动数据的基本性质有可识别性、跨越边境性、接入性。

目前,国家间协议、国内法规等在提及跨境流动数据时,主要指的是个人数据。《关于隐私保护与个人数据跨境流动的指南》第1条第2款将个人数据定义为"任何与已被识别或可识别的个人(数据主体)有关的信息";第1条第3款将个人数据跨境流动定义为"跨国境的个人数据移动"。经济合作与发展组织也将数据限定为个人数据,大多数数据文献也以"跨境

---

① United Nations Centre on Transnational Corporations. Transnational corporation and trans-border data flows:a technical paper[M]. New York: United National Center on Transnational Corporations,1982:8.

② Australian Law Reform Commission. For your information: Australian privacy law and practice (ALRC Report 108)[R/OL].(2008-08-12)[2022-02-11]. https://www.alrc.gov.au/publication/for-your-information-australian-privacy-law-and-practice-alrc-report-108/.

③ LOWRY H P. Transborder data flow:public and private international law aspects[J]. Houston journal of international law,1984,6(159):159-174.

④ 周念利,李玉昊.全球数字贸易治理体系构建过程中的美欧分歧[J].理论视野,2017(9):76-81.

数据流动"代指"个人数据跨境流动"。近年来,大规模的商业数据和政府数据也跨越国界,被第三国主体接入,接入行为包括数据读取、收集、存储和处理等。

可见,跨境数据流动是指数据通过信息网络跨越边境的传输、处理活动。[1] 其中,数据既包括宏观、中观层面的信息,如涉及国家安全的保密信息,政府、团体、组织机构或者企业掌握的数据,知识产权数据、数字产品、数字服务参数等,又包括微观层面的信息,如个人数据、个人信息和个人隐私等。

基于此,本书认为,"跨境数据流动"的主要内涵可以概括为"内容＋行为"模式。"内容"不限于个人数据,也包括商业数据、政府数据、科学技术数据等。"行为"即将前述"内容"主动向境外主体提供或者授权外主体访问等形式,包括但不限于线上或线下进行传输、存储、处理和应用。

### 三、跨境数据流动的多维特征

正如前文所述,数据广泛应用于社会生活的方方面面,数据的开放与流通、权属与保护是数据顺畅流动的关键要素,也是规制的核心内容。跨境数据流动作为全球互联网传播的一个表征而存在,它在兼具技术性、经济性的同时还生发了人格属性,与技术、经济、社会等维度结成了紧密关系。

#### (一)技术维度

在人类文明的发展历史进程中,信息的数字化为人类提供了全新的方法和手段,人类掌握数据、处理数据的能力实现了质的跃升,这推动了人类认识和改造世界。随着数字技术在各行各业的融合应用,数据丰富了技术的内涵、拓展了技术的边界,数据资源实现了在线上线下两个空间中的重新配置,从而重构了市场模式和社会关系。

---

[1] 王融.数据跨境流动政策认知与建议:从美欧政策比较及反思视角[J].信息安全与通信保密,2018(3):41-53.

近年来,数据在挖掘获取、存储管理、分析处理、服务应用等领域的技术发展迅猛,但相应的体系及理论建构仍有不足。例如,人们对数据的定义虽已达成初步共识,但许多本质问题仍存在争议;针对特定数据集和特定问题域,"通用"或"领域通用"的统一技术体系还未形成;数据分析得出的结论具有超前性,在现实条件下难以论证,结论的现实应用有待进一步研究。

可以预见的是,在较长一段时期内跨境数据流动的发展态势良好。不过,随着技术的发展,数据体量的快速增长与数据处理能力的要求提升之间的矛盾凸显,要想保证跨境数据流动与风险防控相协调,人们需要统筹好跨境数据流动的规制与各类信息创新技术的支撑。在这样的发展态势下,数据流动倒逼技术变革,快速创新的技术应用与组织模式需要建立起更加全面、系统的数据流动治理思维与规制体系。

(二)经济维度

从蒸汽机技术到电动机技术、自动化技术、信息技术、生物信息技术等,每一次技术创新都推动着产业变革。数据在跨境流动的过程中成了价值共创的新载体,直接推动了数字经济的繁荣发展,形成了信息化时代的崭新表征。

数字经济作为经济现象的全面崛起,使得数据作为"黑金"的重要性日益凸显。① 2016年G20杭州峰会发布《二十国集团数字经济发展与合作倡议》(以下简称《倡议》),首次将数字经济纳入G20各国发展议程。《倡议》将数字经济定义为:"以使用数字化的知识和信息作为关键生产要素、以现代信息网络作为重要载体、以信息通信技术的有效使用作为效率提升和经济结构优化的重要推动力的一系列经济活动。"

以互联网为核心的新型信息技术不断突破沟通和协作的时空约束,推

---

① Data is giving rise to a new economy[EB/OL].(2017-05-06)[2023-02-01].https://www.economist.com/briefing/2017/05/06/data-is-giving-rise-to-a-new-economy.

动平台经济、共享经济等新经济模式快速发展。百度、阿里巴巴、美团和腾讯等公司在全球范围内取得成功,跨境数据流动成为全球数字经济发展的基石。以阿里巴巴为例,其依托网络信息技术,将全球范围内的供需连接在一起,融合电子支付、物流系统、征信系统等周边服务形成了新的消费模式和经济增长方式。中国电子商务研究中心的监测数据显示,2008年至2017年10年间,中国电子商务交易规模从0.8万亿元增长至7.6万亿元,年均复合增长超过20%,并呈现出蒸蒸日上的发展形势。根据国家统计局发布的2024年国民经济和社会发展统计公报,我国2024年电子商务交易额为46.4万亿元,比上年增长3.9%。网上零售额15.2万亿元,比上年增长7.2%。

数字化直接催生了数据资源的获取和积累,在网络平台的助推下加快了数据资源的流通和汇聚,多源数据的融合分析催生了类人智能,帮助人类更好地认知复杂事物和解决问题。在政务服务方面,大数据提升了政府的综合管理服务能力和政务服务便捷性,并由此提升了公众的参与度。因此,大数据的巨大价值在不断充分释放后,将带来数字经济的爆发式增长,同时预示着数据治理将进入加速变革期。

(三)社会维度

从经济发展、社会治理、政务服务、组织监管到个人的数据化生存,理性思维和数据思维的建立已经成为未来社会的基本规则。未来,随着数据技术的提升、共享开放机制的完善、产业生态的成熟、社会运行指标的开发利用,社会文明必将不断进步。

数据流动在社会各领域多层面的应用价值,主要体现在以下三个层面:一是通过抽取、整合、分析个人、社群和社会的行为轨迹数据,为社会提供用户洞察分析、人流分析、文字语言处理、机器学习等服务,从而作出判断与决策。二是通过对数据的监测分析,可以了解事物之间的关系,进一步预测事件的发展趋势,如有些公司通过收集和分析社交媒体上发布的帖子,对奥斯卡金像奖的归属进行预测。2014年,微软研究院经济学家戴维·罗思柴尔

跨境数据流动:规制与进路

德(David Rothschild)在"聪明预测"(PredictWise)公开预测了当年奥斯卡重头奖项的获奖者,准确率为100%,他在全部24个奖项中准确预测了其中的21个,达到了87.5%的准确率。三是结合前两个层面的价值表现来分析具体问题,以期优化指导决策。如无人驾驶技术就是通过分析回传的数据,对司机的驾驶行为进行研判并对路况进行分析,从而实现在车辆无人操控的情况下也能自动驾驶。

尽管大数据技术仍面临诸多重大基础理论和核心技术挑战,但大数据已经在人机博弈、自动驾驶、政府决策、军事指挥、医疗健康等领域有所突破。世界各国政府和大型跨国公司也高度认可跨境数据流动的价值和重要意义,在今后一段时期内,推进数据流动和规制体系建设是各国政治和经济持续发力的重点。

## 第三节 跨境数据流动规制

在本节中,我们将对"规制"的发展脉络及概念进行梳理。"规制"作为一项具有普适性、强制性、实效性的公共行为,可以保证全球数据流动的安全性和有序性。因此,无论是在商业层面还是个人层面,跨境数据流动规制都是塑造国际网络空间秩序的重要一环,而现有的跨境数据流动规制在国际上缺少统一标准,需要世界各国在未来加强合作,凝聚共识。

### 一、规制与规制理论

(一)规制的概念

"规制"一词起源于经济学领域,来源于英文"regulation",其最初就是指政府或有关部门对某些经济活动进行的直接或行政性的规定、限制。菲利普·塞尔兹尼克(Philip Selznick)将规制定义为:"公共当局对经由共同体评价的活动加以持续和集中的控制。"①20世纪60年代,美国经济学家詹姆斯·M.布坎南(James M.Buchanan)提出:"规制是经济理论支撑下的法律形式。"②这一观点将"规制"视为服务于利益集团的法律。经济学家丹尼尔·F.史普博(Daniel F.Spulber)认为:"规制是由行政机构制定并执行的直接干预市场配置机制或间接改变企业或消费者供需决策的一般规则和特殊行为。"③他认为,政府在规制中扮演核心角色。戴维·M.纽伯里(David M. Newberry)表示:"规制问题主要是这样一些问题,即在竞争有效和合理的地方,确保竞争得以发生;在不适宜竞争的地方,对具有自然垄断性的基础设施进行恰当的政府规制。"日本学者植草益对规制给出的定义是社会公共机构(通常指政府)根据一定的规则,做出对企业的活动进行一定限制的行为。④ 中国学者余晖提出,政府规制是政府行政部门依据法律法规的授权,采用行政手段或准立法、准司法手段,对企业、消费者等行政相对人的行为实施直接控制的活动。⑤

《牛津规制手册》主张,特定领域的规制应重点强调并整合市场经济之外的价值,并且规制要从经济学领域拓展至其他领域。⑥ 引入一种从公共利益出发的视角是可取的,也是必要的。公共利益一般指社会公众都能享有,并且不具有排他性,由各级政府部门负责提供的公共的利益。公共利益概念与"共同体"观念有密切联系,但公共利益不等于共同利益,共同利益是一定范围内群体所共同拥有的,而公共利益兼具公共性质和私人性质。公共利益是多层次、多形式的,可以是全球性的、全国性的,也可以是地方性的、

---

① SELZNICK P.Focusing organizational research on regulation[M]//NOLL R G.Regulatory policy and the social sciences. Berkeley:University of California Press,1985:363.
② 布坎南.宪政的经济学阐释[M].贾文华,任洪生,译.北京:中国社会科学出版社,2012:82.
③ 史普博.管制与市场[M].余晖,何帆,钱家骏,等译.上海:上海三联书店,上海人民出版社,1999:31.
④ 植草益.微观规制经济学[M].朱绍文,胡欣欣,等译.北京:中国发展出版社,1992:85.
⑤ 余晖.中国药业政府管制制度形成障碍的分析(上)[J].管理世界,1997(5):126-135.
⑥ 鲍德温,凯夫,洛奇.牛津规制手册[M].宋华琳,李鹡,安永康,等译.上海:上海三联书店,2017:42.

社区性的。政府在提供和维护公共利益中发挥着不可替代的核心作用,但不是规制的唯一提供者。

规制拥有深厚的内涵与广阔的外延,虽然应用广泛,但人们对其概念尚未形成共识。朱利亚·布莱克(Julia Black)将规制较为宽泛地定义为"有意使用权力,根据既定的标准,运用信息收集和行为修正等工具来影响其他当事人的行为"①。在各家观点的基础上,本书认为,规制是规制主体依据一定的规则,通过法律、技术、社会文化等手段对某一活动或程序施加影响的行为。

(二)规制理论的发展

规制理论的发展历程可以概括为规制公共利益理论、规制俘虏理论、规制经济理论②三大阶段。

最早产生的规制理论是规制公共利益理论。该理论的代表人物是米尼克、欧文、布劳迪根。该理论强调,政府为了弥补市场失灵、提高资源配置效率、实现社会福利最大化而采取一系列政策制度。1971年,斯蒂格勒提出了一个与规制公共利益理论完全相悖的规制俘虏理论。该理论强调,规制不是政府部门为了实现社会福利最大化所采取的仁慈的行动,而是产业中一些厂商利用政府权力实现集团利益最大化的产物,立法者与执法者均被俘虏。20世纪70年代末期,部分学者立足于政府规制失灵理论和X效率理论,提出了放松规制理论。该理论强调,特定行业即便存在垄断问题,只要市场主体可以自由进入、自由竞争,就没有制定规制的必要,因此,政府制定规制不应限制进入,而应降低进入壁垒,创造自由竞争的环境。在此基础上,部分学者提出了激励性规制理论,涉及特许投标制理论、区域间比较竞争理论、价格上限规制等内容。该理论强调,在政府制定规制过程中应引入竞争机制,以竞争的方式激发产业活力,推动产业发展。1993年,拉丰与蒂罗尔提出了现代

---

① BLACK J. Decentring regulation: understanding the role of regulation and self-regulation in a "post-regulatory"world[J].Current legal problems,2001,54(1):103-146.
② 于立,肖兴志.规制理论发展综述[J].财经问题研究,2001(1):17-24.

规制理论,强调因信息不对称,效率和信息租金是共生矛盾体,要想提高效率,就必须给企业提供信息租金,进而带来一定的社会成本,因此,制定和执行规制必须权衡效率与成本之间的关系,人们由此获得一个兼顾公共利益和企业利益的规制。

社会规制理论即制定和实施有关社会管理规制的理论。最早的社会规制理论是公共产品理论,它强调政府部门不但要提供公共生活所必需的而私人又不愿意或者无法生产的公共物品,而且必须制定管理公共物品提供与交易过程的社会规制,以保证其合理性与有效性。随后,部分学者基于市场经济活动中普遍存在的外部经济与外部不经济现象以及由此带来的价格扭曲、市场失灵、资源配置效率低的问题,提出外部性理论,倡导政府部门制定社会规制来改善甚至是避免破坏生态、污染环境之类的外部不经济问题,促进植树造林、退耕还林之类的外部经济的发展。

信息不对称理论强调市场主体因信息不对称而极有可能在交易前后产生"逆向选择"与"道德风险"问题,因此,政府机构有必要构建针对性的管理规制,鼓励信息沟通、发布真实信息、规范合同、提升市场信誉等,以缓解信息不对称所带来的"逆向选择"与"道德风险"问题。非价值物品理论强调政府机构应采用切实有效的规制来强制人们消费或限制禁止人们消费公害物品或非价值物品,以保护公众利益。部分学者也从社会学的角度提出了社会理论,他们认为,政府应采用征税、惩罚、禁止、节约成本等手段来制定社会规制,保障人们的生存、安全、健康,维护社会公平与正义。

德国学者马克斯·韦伯最早提出了行政规制理论——官僚制理论。该理论强调政府机关应采取等级森严的管理等级制度、明确分工的专业化技术和任务、严格的规章制度来限制官僚机构权力与个体官员行为,以提高行政效率,解决社会矛盾。随后的"管理理论"将行政规制视为规制管理的控制环节,因此,行政规制的制度设计者应考虑制度本身能否最大限度地调动规制执行者的工作积极性,使其能够制定和实施有利于实现规制目标的规制内容。政府绩效理论强调对政府工作进行量化考核,从经济、社会、文化、政治等角度,综合评估政府治理水平与运作效率,发现问题并提出针对性的解决措施,借此推动政府工作的开展。该理论强调采用绩效管理实现对制定和实施规制者的规制,保证规制目的的正确性、规制内容与方法的合理性、规制效果的高效性。

**二、跨境数据流动规制的目的**

规制作为一项具有普适性、强制性、实效性的公共行为,其制定和执行具有明确的目的性。具体到跨境数据流动的规制来说,各国的核心目的主要是维护国家安全/主权与保护公民隐私,并实现数据有序流动从而促进经济发展,如图1-1所示。

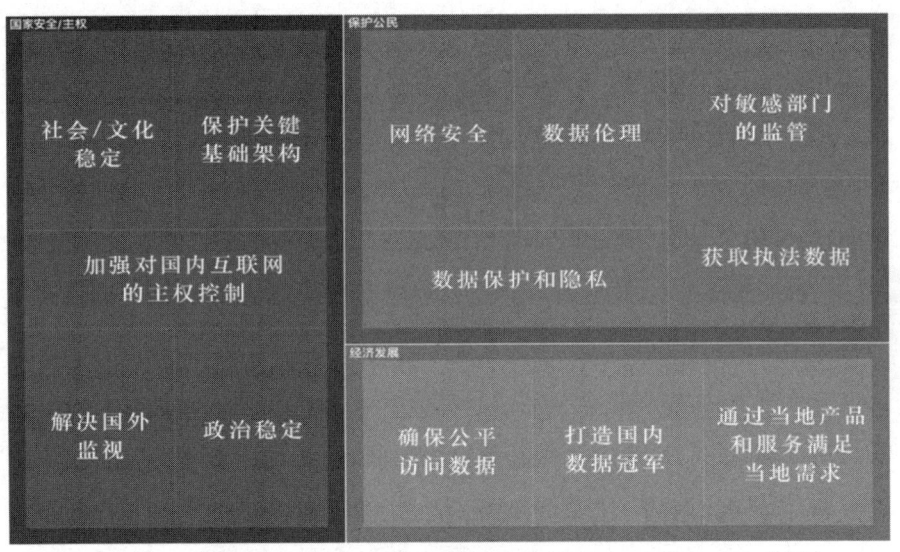

图1-1　各国开展跨境数据流动规制的目的[①]

一是为了保障全球数据流动的安全性。随着全球数据流动规模与影响力不断扩大,各类不安全因素日益突出,既有传统的计算机病毒、黑客攻击、信息泄露、网络犯罪等问题,又有新型的数据霸权主义、军事威胁、文化殖民

---

① 来源:联合国贸易与发展会议。

等困境。这些问题与困境影响到网民个体、商业组织、公共机构的安全,甚至威胁到政府主权独立、军事安全、文化与传播自由等。因此,为了保障多元参与主体的共同安全,维护共同利益,具有公共管理权限的各国政府、政府部门、亚国家政府当局、正式国际组织、非正式全球公民社会组织有必要制定和实施各类规制。

二是为了实现全球数据流动的有序性。全球数据流动是来自全球各国的个人、商业组织、公共机构、政府单位的各类在互联网或移动互联网上公开或非公开传播、交流的活动。当前各国面临着危及各方利益的诸多公共性不安全因素,数据交流的各主权国家之间也存在着技术标准、技术导向、技术资源管控、立法主体、立法内容、立法适用性方面的争论,影响到全球数据流动规范、有序发展的进程,甚至因此而触发线下的传统国际政治、军事、经济、文化、传播关系。由此,全球数据流动利益相关的各国政府、政府部门、亚国家的政府当局、正式的国际组织、非正式全球公民社会组织需要制定和实施具有普适性、实效性的规制,促进全球数据流动健康有序发展,进一步保障相关方的利益。

### 三、跨境数据流动规制的分类

跨境数据流动规制有多重分类标准。

从跨境数据流动规制的多元主体角度来看,跨境数据流动规制可以分为政府间的数据安全规制、政府部门间的数据安全规制、正式国际组织的数据安全规制、非正式全球公民社会组织的数据安全规制、商业机构间的数据安全规制、公共团体间的数据安全规制等。

从适用范围的角度来看,跨境数据流动规制可以分为全球性数据安全规制、区域性数据安全规制、国家间数据安全规制、行业内数据安全规制、机构间数据安全规制等,它们具有不同的影响范围。

从规制领域的角度来看,跨境数据流动规制可以分为数据安全技术规制、数据安全军事规制、数据安全政治规制、数据安全经济规制、数据安全文化规制、数据安全传播规制等。

从规制手段的角度来看,跨境数据流动规制涉及全球数据流动立法规制、行政规制、自律规制等。

从制定和实施规制的导向角度来看,跨境数据流动规制可以分为限制性数据流动规制、激励性数据流动规制、维护性数据流动规制等。

从数据资源市场的角度来看,跨境数据流动规制可以分为社会性规制、经济性规制和辅助性规制。社会性规制主要是针对具有公共属性的数据所进行的规制。经济性规制则是针对数据市场中数据滥用与垄断、掠夺性定价等损害公平竞争行为进行的规制。辅助性规制则是指各类社会福利计划执行过程中的规制。①

**本章小结**

随着社会的快速发展,数据的意义早已超越了简单的计算代码。计算机应用的普及使得数据在社会科学的各个领域发挥着重要作用,成为当今时代重要的基础性资源。数据不仅有大数据与小数据之分,还具有流动性、外部性等内在属性。数据流动是其存在并真正对社会产生作用的根本原因,其与信息传播时代网络节点的互联互通形成了相互构建的关系。因此,数据的流通带来了诸多影响,需要及时加以规制。

跨境数据的定义颇为广泛,涉及多个层面。作为全球互联网传播的一个重要表征,跨境数据流动具有技术性、经济性、社会性等多方面的特征。同时,随着全球数据流动量的迅速增加,各国国情复杂,互联网相关政策差异明显。数据在自由跨境流动的同时也会带来诸多不可控因素。因此,对跨境数据流动的规制目的和分类进行研究分析,可以为后续研究奠定基础。

---

① 鲍德温,凯夫,洛奇.牛津规制手册[M].宋华琳,李鸻,安永康,等译.上海:上海三联书店,2017:18-19.

# 第二章 跨境数据流动规制的价值与风险

伴随着互联网的发展与技术迭代,跨境数据流动在国际上产生了日益重要的影响。数据在流动中产生价值,其价值与风险相互依存、相互转化。因此,我们应从综合的视角来厘清数据在流动过程中产生的价值与风险,分析风险产生的深层次原因,为开展跨境数据流动的实质性规制奠定重要基础。

## 第一节 跨境数据流动的价值

随着科学技术的飞速发展,数据的流动性不断增强,跨境数据流动已成为推动全球经济发展的新动力。跨境数据流动不仅创造了新的需求与供给,还推动了各国在政治、经济、文化、传媒等领域的要素调整和进程重构,促进了各国运行路径和发展模式的变革,在生产力和生产关系的变革中发挥了重要作用。跨境数据流动在提升国家安全保障能力、创造经济效益、加速企业创新、增强社会管理水平以及推动人类命运共同体建设等方面都具有不可替代的意义,是全球政治与经济向动态平衡发展的重要推动力。

## 一、国家安全的重要着力点

在数字经济时代,任何国家在运转过程中都会产生海量数据,这些数据具有重要的战略意义。网络空间作为一种权力性资源空间,其负载的数据是与核领域、航天领域并列的国家战略资源。通过对一个国家的网络空间中的相关数据开展针对性分析,分析方可以获取该国社会、政治、经济等方面的重要信息情报,将国家安全的脆弱点呈现出来。美国著名军事预测学家詹姆斯·亚当斯在其所著的《下一场世界战争》中曾预言:"在未来的战争中,计算机本身就是武器,前线无处不在,夺取作战空间控制权的不是炮弹和子弹,而是计算机网络里流动的比特和字节。"①我国学者阎学通指出:"信息本身成为国家利益的一个组成部分。信息量成为衡量国家利益大小的一个重要参数。对信息的开发、控制和利用成为国家利益中的重要内容。获取信息可能成为与获得资金和技术同等重要的国家利益。"②

就中国而言,2015年国务院发布的《促进大数据发展行动纲要》指出:"数据已成为国家基础性战略资源。"③习近平总书记在2016年召开的网络安全和信息化工作座谈会上提出:"要依法加强对大数据的管理。一些涉及国家利益、国家安全的数据,很多掌握在互联网企业手里,企业要保证这些数据安全。"④2017年12月,习近平总书记进一步指出:"要切实保障国家数据安全。要加强关键信息基础设施安全保护,强化国家关键数据资源保护能力,增强数据安全预警和溯源能力。"⑤2021年9月起正式实施的《关键信息基础设施安全保护条例》,为关键信息基础设施安全保护提供了强有力的

---

① 亚当斯.下一场世界战争[M].军事科学院外国军事研究所,译.北京:军事科学出版社,2000:59.
② 阎学通.中国国家利益分析[M].天津:天津人民出版社,1996:60.
③ 国务院印发《促进大数据发展行动纲要》[EB/OL].(2015-09-05)[2021-02-01].http://www.gov.cn/xinwen/2015-09/05/content_2925284.htm.
④ 习近平:在网络安全和信息化工作座谈会上的讲话[EB/OL].(2016-04-09)[2024-02-18].http://jhsjk.people.cn/article/28303771.
⑤ 习近平:审时度势精心谋划超前布局力争主动 实施国家大数据战略加快建设数字中国[EB/OL].(2017-12-10)[2024-02-11].http://jhsjk.people.cn/article/29696484.

制度保障,数据安全、大数据管理风险、数据资源保护等议题日益上升到国家治理层面。2022年6月,习近平总书记在主持召开中央全面深化改革委员会第二十六次会议时强调,数据基础制度建设事关国家发展和安全大局,要维护国家数据安全,保护个人信息和商业秘密,促进数据高效流通使用、赋能实体经济,统筹推进数据产权、流通交易、收益分配、安全治理,加快构建数据基础制度体系。

## 二、经济发展的重要增长极

互联网和大数据技术以前所未有的速度和规模推动着海量数据以数字化、动态化和实时化的方式发生跨境流动,互联网的介入以数据流动的形式改变了传统贸易的形态,使跨国贸易和服务日益便利,跨境数据流动已成为全球各国经济发展的强大引擎、全球经济发展的重要组成部分。

跨境流动数据量值的迅猛增长为经济发展带来了前所未有的机遇。根据麦肯锡全球研究所(McKinsey Global Institute)的分析,在全世界的GDP中跨境数据流动所占比重已经超过了商品贸易。①

数据在国家间自由流动,客观上能够促进相关平台便捷、高效地整合、分析并利用全球资源,挖掘全球范围内的人才、资金、原材料、技术、管理等方面的适配资源开展生产与服务,实现效能最大化。根据思科公司的分析数据,2015—2024年,跨境流动的潜在最低价值(包括增加收入和降低成本这两种内在含义,这是由于互联网技术的采用而在公司和行业之间产生和转移的价值量)约为29.7万亿美元。由此可见,跨境数据流动对于国家和企业的经济增长有着举足轻重的积极意义,将带来全社会经济总体效用的提升。②

---

① MANYIKA J, LUND S, BUGHIN J, et al. Digital globalization: the new era of global flows [EB/OL].(2016-02-24)[2022-02-02].https://www.mckinsey.com/business-functions/mckinsey-digital/our-insights/digital-globalization-the-new-era-of-global-flows#.
② 惠志斌.数据经济时代互联网企业跨境数据流动风险管理研究[D].南京:南京大学,2018:27.

信息与知识超地域限制的宣传、发布、共知、共享和跨境数据的自由流动,在一定意义上是同步的,信息的共享使得各个领域在知识获取手段上获得了创新与发展。根据 Frost & Sullivan 的 2025 年大趋势预测:"数据支撑着未来,90%的变革性转变严重依赖于数据的流动与使用。"① 同时,目前几乎所有行业都严重依赖于跨境数据的流动和对数据的分析计算,并以此作为产业结构转型深化的推动力。跨境数据流动促使新的创意在全球传播,使得跨境数据流动辐射圈层内的用户获取信息的便捷性得到提升。最新的科研成果和技术融合创新,催生出更多数字化新业态、新模式,整体提升企业乃至国家的创新能力。

跨境数据流动的特性满足了企业非地域性限制发展的需要,提高了企业面向全球的商业拓展能力,为企业提供了竞争优势和强大的市场力量。例如,天猫国际、苏宁全球购、京东全球购、亚马逊、eBay、速卖通、Wish 等跨境电商企业通过对跨境消费数据的收集、处理与发布,将全球联合为一体。通过"地球村"里的小卖场,供需两端都能高效地通过数据的生成与确认,完成跨境交易,这一电子商务的跨境新模式满足了世界各地人们足不出户购买全球产品的需求。日新月异的技术弱化了企业交易的地理位置要求,企业可在全球范围内挖掘商品与服务的供需差,降低交易成本,扩大交易空间,这使企业不再受限于规模,有效拓宽了企业跨国交易的赛道,中小企业与大企业得以同场竞技,创造更多元的经济价值。

### 三、社会进步的重要驱动力

一部人类史,也是一部传播与互联演进的历史。② 在人类社会发展过程中,传播行为与规则在立与破、破与立的辩证互动中发展、成熟,有效地促进

---

① 阿里巴巴数据安全研究院.全球数据跨境流动政策与中国战略研究报告[R/OL].(2019-08-28)[2021-02-01].https://www.secrss.com/articles/13274.
② 方兴东,钟祥铭,彭筱军.全球互联网 50 年(1969—2019):发展阶段与演进逻辑(下)[J].互联网天地,2019(11):6-21.

了社会信息的流动、社会关系的互动。① 随着数字化生存成为新的生活方式,数据在公共管理与服务领域发挥了巨大的潜力,在推动公共服务部门技术创新,推动政务工作开展,提高政府部门的服务效率、决策水平和社会管理水平等方面发挥着重要作用。

(一)推动医疗创新

信息科技为远程国际医疗协作提供强有力的数据支撑,也为医疗资源的配置带来了全新的决策依据,医疗资源得以节约,客观上创造了社会和经济价值。

医疗大数据体量大、种类多且应用价值极高,在临床医学上具有非常实际的意义,诸如电子病历分析、整合管理数据用于公共健康研究、个性化治疗、降低再入院率、患者的身份信息保护等。通过数据分析,在搭建完善的医疗大数据系统的基础上,海量的医疗数据可以被实时整理、分析。医护人员就此拟定出一系列诊疗方案,对照病人自身实际与医疗需求后,医护人员可以及时获得有效的诊疗决策参考,提高诊疗效率。目前英国国家卫生与临床优化研究所、德国卫生保健质量和效率研究所等都开展了此项目并取得了初步成功,优化了医疗资源的配置。

以全球抗击新冠疫情为例,新冠疫情呈现出快速传播的趋势,其范围之广、速度之快,对于防控工作提出了极大的挑战,全球数据和信息共享的需求和益处变得非常明显。如果没有数据和信息方面的全球合作,研发疫苗和采取行动应对新冠病毒大流行的影响将是一项更加艰巨的任务。

新冠疫情的出现使世界各国人民的安危紧密地联系在一起。国际社会利用信息技术抗击新冠疫情的典型案例还有美国约翰霍普金斯大学推出的全球新冠疫情数据地图、微软与艾伦人工智能研究所等联合构建的COVID-19开放研究数据集等,开放、合作的跨境数据流动高效地推动了国际疫情防

---

① 高炜,宁琳.传播行为与规则:互动中建构传播理性[J].前沿,2008(2):194-198.

控工作,减轻了生产生活受到的冲击。可以说,从监测和控制病毒的传播到我们日常的工作、购物、社交、教育等领域,再到科学家在最短的时间内开发新疫苗的方式都体现出人类的生活充分依赖于实时数据和技术援助。

(二)促进教育变革

全球数据共享的另一个极为重要的价值在于教育变革。数据共享促进了知识的传播、普及,知识面前人人平等基本成为现实。

基于大数据的智能诊断学情、个性化反馈和精准教学,有效提升了教育品质,对教育公平的促进、教育质量的提高、教育治理的优化等起到了重要作用。① 针对全球教育资源分配不均衡的现状,教育界借助教育数据在全球范围内的合理流动,能够对学习者的所有信息进行系统的整理和分析,例如可以将大数据技术应用到学校之中。大数据可以筛选出该地区学生群体的现实所需,教学配置将会更加具有针对性,从而提高教学效果与学生的学习效率,对学生的未来发展有不可估量的作用。

在教育方案的制定方面,针对学生的个性特点和学习状况开展系统、全面数据画像,教育者在此基础上可利用数据分析并制定适配不同学生的个性化教学内容、教学方式与方法。教育数据的跨境流动为追踪和整合这些数据提供了资源支持。国际上的 MOOC、TED,中国的网易云课堂等项目,已经成为信息化时代全球教育革命的先驱。

(三)驱动媒体转型

全球化、数字化和新的信息与传播技术跨越了民族国家边界,改变了信息传播的秩序与图景,新的数字时空中产生了新的主体,基于把关人模式的传统新闻生产路径被重构。信息传播成为一个开放性的竞争场域,预示着社会文化领导权正在遭遇深刻的危机。② 网络空间已然变成"思想文化信息

---

① 刘雯.基于需求调查的中国银行甘肃分行数据平台管理改进研究[D].兰州:兰州大学,2017:20.
② 王维佳.媒体建制派的失败:理解西方主流新闻界的信任危机[J].现代传播(中国传媒大学学报),2017(5):36-41.

的集散地和社会舆论的放大器",公权力作为互联互通传播网络中的一个联结点,能否在信息洪流中引导舆论,取决于能否从单向的信息发布者转变为全方位的深度参与者并掌握主流媒体话语权,实现对突发事件的舆论引导。

新媒体时代数据形式产生了巨大的变化,个性化、付费化、移动化、社交化、音频化、视频化已成为数字媒体时代的主要特征。随着视频时代的到来,用户甄别信息的能力要求逐步提高,媒体的价值集中体现在通过数据分析解读信息、实现精准投放、满足用户需求、推动数据有效流转等方面。

在新媒体时代,媒介赋权使广大受众能够轻易获得公共表达机会,随着社会公众的媒介素养不断提升,"沉默的大多数"转身变成一个个手持"扩音器"的"公民记者",大众传播时代的"乌合之众"正在成长为理性对话者。另外,社交媒体通过记录人们的社会生活、感知行为态度、参与交往过程、建立互动关系,催生了新的社会科学研究方法,对社会科学领域产生了革命性影响。

(四)赋能文旅融合

大数据在重构全球消费与生产、需求与供给、资源与产品格局的同时,也在重构文化艺术的创作与呈现方式,重构文化产业、旅游产业格局。① 人们在计划旅行时常通过微信、百度、微博、谷歌和一些地图类 App 来获得目的地、餐饮等信息。谷歌、百度以及地图类 App 等已成为智能出行的必备软件,为文化消费、旅游休闲、自主研发和投资运营提供了强大的新动能。疫情时期,境内外交通不便,5G＋VR、人工智能、360°全息体验等多种技术在大众和剧院、美术馆、博物馆等各类场馆之间架起了桥梁,使得人们可以足不出户浏览全球美景、欣赏艺术。

大数据技术通过赋能、革新,优化了用户体验,提供了差异化商业发展的路径,成为文旅融合的现实突破口,一定程度上激发了文旅领域的自主研发和商业创新热情,促进了文化产业发展,提升了国家文化软实力,进而提

---

① 戴斌.文旅融合时代:大数据、商业化与美好生活[J].人民论坛·学术前沿,2019(11):6-15.

升了国际影响力和竞争力。

## 第二节 跨境数据流动的风险

跨境数据流动在促进经济社会发展的同时,也存在数据被恶意利用、盗取等问题,这使全球的政治和经济面临着巨大的安全隐患。面对国际上存在的立法不完善、缺乏国际合作、治理不当等挑战,规制制定者只有全面深刻地认识跨境数据流动过程中的风险因素,才能有效地优化跨境数据流动规制路径。

**一、威胁国家主权与安全**

现代国际公法秩序认为,数据跨境治理实质上仍属于传统的主权范畴,即"数据主权",当前数据全球化趋势的不断演变使得各国开始关注本国的数据主权与国家安全问题。数据是支撑国家安全与发展的重要战略资源,伴随网络空间开拓和战略资源的拓展,国家主权的范畴扩展至数据领域。在大数据时代,个人、企业和国家的数据作为国家软实力的核心组成部分,关涉国家安全。各国围绕网络空间主权,争夺数字疆域中的网络控制权,信息的流动与分享也受到了政治因素的影响。

**(一)跨境数据流动冲击国家主权**

迈尔-舍恩伯格和库克耶提出,数据造成风险的最主要的原因是数据大大提高了预知能力,提前预知国家行为动态便有可能挑战该国家的主权。[①]

首先,数据在跨境流动时,数据发出国,即数据主权管辖国,将会与数据接收国发生权力的交换与妥协,而部分强势国家为了夺取对数据的绝对控

---

① 迈尔-舍恩伯格,库克耶.大数据时代:生活、工作与思维的大变革[M].盛杨燕,周涛,译.杭州:浙江人民出版社,2013:215.

制,造成了跨境数据流动的障碍与争端,这可能导致网络空间分裂,从而危害本国的数据主权。

其次,由于各国的法律存在差异,不同国家的数据主权管辖能力不对称,并且国际上缺乏有效的协调规则,数据主权面临着管辖边界的模糊、重合问题,极易造成冲突。

再次,随着平台的全球集中,数据的跨境流动意味着"单向流动"①。一些在数字经济领域发展较为突出的国家凭借其雄厚的数据采集能力,奉行单边主义思维,一方面片面地宣扬数据流动的自由性,另一方面又排斥跨境数据流动中多边主义的治理模式。这些国家仰仗着技术优势以及雄厚的经济实力,挤占弱势数据生产国的数据红利,而相关数据生产国无法针对跨境的数据提取者进行明确规范和约束,这对本国的数据主权产生消极影响。

最后,由于越来越多的政治集团和人权组织参与跨境数据流动治理的过程中,数据主权的争夺开始逐步从个人利益与行业竞争的层面上升到社会安全和国家安全的层面,各政治集团和人权组织利用多种渠道为跨境数据流动制定了一系列非技术性标准,提高了跨境数据流动问题的复杂性。

(二)跨境数据流动威胁国家安全

大规模和复杂的跨境数据流动成为常态,通过对数据所蕴含的多维信息加以分析,人们能准确预测一国在经济、政治、社会、文化等方面的发展趋势,国家安全内涵和空间得以拓展。然而,与此同时,涉及国家利益、安全机密和个人隐私的数据信息也有可能遭受病毒破坏和黑客攻击,这使得每个国家面临着机密窃取和隐私泄漏的威胁。② 其原因可以归结为国家利益争夺、网络的开放性和匿名性、数字技术的变革以及网络安全规则的缺失。

具体来说,数字技术变革带来的影响有以下几点:

---

① The MacBride Commission.Many voices,one world:towards a new, more just,and more efficient world information and communication order[M].Lanham:Rowman and Littlefield Publishers,2003:24.
② 黄昭宇,王卓宇.新安全观的建构及其要义[J].和平与发展,2015(6):61-81,116.

一是数据技术能够破译脱敏数据,表面看似杂乱无章、互不关联的数据一旦被联系起来并被进行分析、解译,就很可能被塑造成针对一国政治、经济、军事等关键领域的敏感信息,进而威胁国家安全。

二是大型跨国数字企业或平台往往需要将海量数据上传回本国的处理器进行分析处理,以求进一步的发展。然而,在该类数据的传送过程中,人为泄露的概率大大增加,从而威胁数据来源国的安全与利益。

三是数字技术赋权给国家与非国家行为体,非国家行为体在部分领域和议题上甚至获得相对的权力优势。如跨国企业在海外开展商业活动的同时,为在技术上支持母国实施"数据霸权",有可能非法搜集其他国家的敏感数据。例如,2013年的"斯诺登事件"揭露了美国意图通过非法数据搜集这一途径侵蚀他国主权。又如,2020年年底,某国内信息科技公司受外公司委托采集中国铁路信号数据,包括物联网、蜂窝和高铁移动通信专网信号等敏感数据。这些数据被用于境外情报机构,严重威胁国家安全。

四是数字技术可能会改变权力的获取途径,相关主体通过算法和技术垄断改变网络空间的传播力量,形成新的数字鸿沟,甚至会影响网络空间安全秩序与力量对比。①

## 二、影响数字经济发展

2024年,我国数字产业总体运行平稳,业务收入达35万亿元,同比增长5.5%。东部地区数字产业收入占比73.6%,广东、江苏等前10大省份贡献突出。产业新动能持续增强,人工智能等新兴领域发展迅速,数字企业加快出海步伐。②但资本天然地追求利润最大化,驱使"数据军备赛"不断升级,各国或相关企业、数字平台通过多种策略型手段控制数据,跨境数据流动带来的经济风险主要体现为垄断和不正当竞争所带来的危害。

---

① 刘杨钺.技术变革与网络空间安全治理:拥抱"不确定的时代"[J].社会科学,2020(9):41-50.
② 2024年数字产业运行情况[EB/OL].(2025-03-17)[2025-02-22].https://wap.miit.gov.cn/jgsj/yxj/xxfb/art/2025/art_49031440236d4650823b131173a1794d.html.

（一）垄断及其所带来的不正当竞争

新技术带来了数字经济的蓬勃发展，众多互联网商业公司通过深度参与跨境数据流动进程，借助自身的技术专长以及先发优势，迅速构建起"护城河"，创造了巨量的经济价值。在这一过程中，相当一部分优势国家或头部企业借助其技术优势，行垄断之实，这也使得其本身成为被规制的对象。

同时，数据垄断行为往往掩盖在数字化市场环境充分竞争的假象之中。某些主体利用手段策略性地重构和打破数据壁垒，暗中实施滥用支配地位、达成垄断协议、集中经营者等垄断行为。这些行为不仅损害相关行业的竞争环境，还导致了资源分配的不公平。

不正当的数据竞争行为主要包括不正当获取和不正当利用等侵权行为。数据的不正当获取是指企业没有经过授权或者超越授权范围，借助技术措施侵入服务器、破解数据库或通过其他手段截获其他平台的数据。例如，陌陌非法使用新浪微博用户数据、百度非法抓取大众点评用户点评信息等系列侵权事件。数据的不正当利用行为则是指企业违反诚实信用和商业道德，不正当地使用从其他平台获取的数据，包括将数据用于生产或提供足以产生替代效果的竞争性产品、服务，或者通过恶意刷单、恶意点评等手段对其他数字平台的品牌形象进行污名化等。[①] 然而，由于人们对数据领域不正当竞争行为的关注较少，相关法律监管主要适用于普通消费者的数据权利，法律监管在平台的数据不正当竞争方面留下了规制空白。[②]

（二）数据本地化伴生数据壁垒

当前，经济逆全球化趋势愈演愈烈，在数字经济领域的体现就是越来越多的跨境数据流动限制措施被各国采用，在数字经济领域也显示出"南北差异"。很多国家都建立了相关的跨境数据流动壁垒，如欧美隐私盾、亚太经

---

[①] 戚聿东,刘欢欢.数字平台的数据风险及其规制[J].东北财经大学学报,2021(6):76-87.
[②] MARTENS B.An economic policy perspective on online platforms[EB/OL].https://papers.ssrn.com/sol3/papers.cfm? abstract_id=2783656.

济合作组织(APEC)的跨境隐私规则等,全球出台跨境数据流通政策法规的国家已经超过100个。① 数据本地化措施阻碍了全球数据在各个国家和地区之间的流动,给全球经济发展带来负面影响。经济合作与发展组织担心数据跨境流动的限制对于全球信息共享和经济发展的影响,敦促各国避免跨境定位、访问和使用的障碍。②

数据本地化会增加数据传输的成本,困难程度和不确定性的增强,可能会阻碍业务和投资。美国贸易代表办公室认为,"数据本地化"属于数字贸易壁垒。③ 不同国家利用技术的程度及数据市场运用前景的强弱是产生数据虹吸现象的根源④,如美国作为数字经济强国与数字服务产业的输出国,提倡数据传输自由化的深层次原因是扩张数字经济,实现美国在数据资源上的"主场优势"。

一些国家在数字产业的管控能力方面实力较弱,缺乏跨境数据流动规制的意识,对数据的跨境流动不加限制,这必然会进一步导致本国数字产业在数据资源的掌控方面出现更大的漏洞,影响本国数字产业和数字经济竞争力的提升。这也是一些网络用户多但产业竞争力不足的国家不愿意参与跨境数据流动的多边协调,并出台数据本地化政策的根本原因,它们希望以此保护本国产业发展。

近年来,受美国金融危机持续影响,欧债危机负面效应持续深化,国际需求明显下降,国际产业竞争更加激烈,国际贸易摩擦不断升级,国际贸易环境日趋复杂。⑤

---

① 王伟玲.全球数据治理:现实动因、双重境遇和推进路径[J].国际贸易,2021(6):73-80.
② TAYLOR R D."Data localization":the internet in the balance[J].Telecommunications policy,2020,44(8):15-31.
③ Key barriers to digital trade.[EB/OL].[2019-07-03].https://ustr.gov/about-us/policy-offices/press-office/fact-sheets/2017/march/key-barriers-digital-trade.
④ 孙益武.数字贸易与壁垒:文本解读与规则评析——以 USMCA 为对象[J].上海对外经贸大学学报,2019(6):85-96.
⑤ 任志新,李婉香.中国跨境电子商务助推外贸转型升级的策略探析[J].对外经贸实务,2014(4):25-28.

### 三、引发技术风险担忧

在云计算等数字技术的推广应用中,海量用户数据的云端存储与调配已成为主要趋势。与此同时,数据泄露、数据窃取等不良行径频现,这对个人隐私保护、社会财产安全等造成巨大冲击。算法技术在数字产业中的作用日益凸显,但对算法技术的滥用会威胁数据隐私安全以及隐私伦理,用户的隐私权被"无意识"地侵害了。随着数字经济的发展,数字鸿沟备受关注,如何遏制数字鸿沟的扩大及其带来的负面影响,已成为焦点问题。

#### (一)大数据技术的滥用

随着跨国交流合作日益频繁,一些个人隐私信息、企业运营数据和国家关键数据的流出可能造成重要信息的泄露,给信息主体的安全带来各种隐患。① 根据奇安信科技集团股份有限公司发布的《2024中国政企机构数据安全风险研究报告》,2024年全球公开报道的重大数据泄露事件共造成至少471.6亿条数据泄露,较2023年的103.8亿条增长354.3%。②

在移动互联网环境中,个人信息泄露的渠道多种多样。在日常的工作、学习、休闲、娱乐等场景中,移动终端会采集大量个人信息,而这些信息在保存、使用过程中都可能给予不法分子可乘之机。如图2-1所示,2024年共发生3158件数据泄露案件,数据泄露平均成本为488万美元。

在传统市场条件下,完美价格歧视之所以只能存在于理论当中而无法被生产者付诸实践,是因为搜索、交易等成本的存在。基于海量数据和迭代算法的数字平台对用户的了解程度远胜于用户本人对自身的了解,它们通过自动匹配消费者的偏好,精准识别、区分消费者,以低廉的成本实现近乎

---

① 世界的数字化:从边缘到核心[EB/OL].(2019-03-27)[2023-02-01].https://www.sohu.com/a/304034700_100208407.
② 2024数据安全报告:全球数据泄露规模增长354.3%[EB/OL].(2025-03-14)[2025-03-22].https://cn-sec.com/archives/3840571.html.

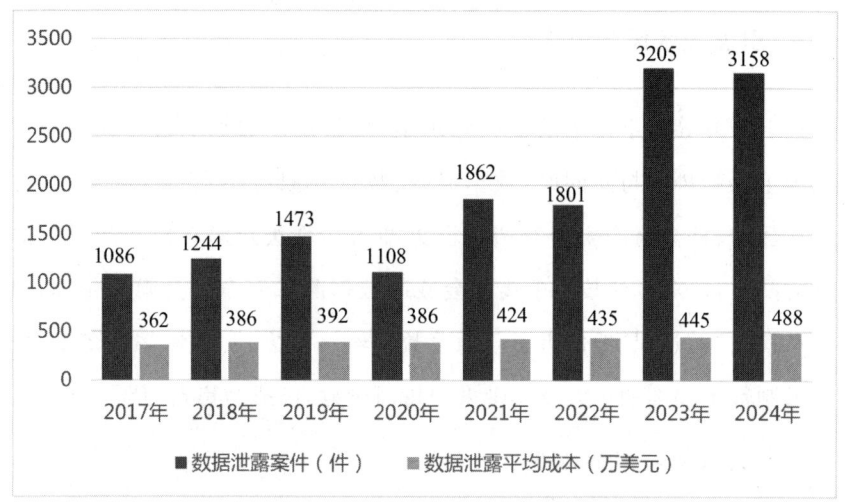

**图 2-1 全球数据泄露案件与平均成本统计**①

完美的行为歧视,并在消费者不知情的情况下最大限度地掠夺消费者,对消费者的福利造成威胁。大数据杀熟、App 过度索取隐私信息不仅损害了消费者的权益,更是对数字经济良好发展环境的破坏。

此外,数字平台为达到资源不公平分配的目的,会根据不同发展阶段有选择地打破数据壁垒,基于"数据+算法"的形式与其他强势企业达成更加隐形的共谋协议,即在信息透明的表象下掩盖有意识的平行行为(conscious parallelism),这种新型的共谋形式给市场竞争带来了更大的损害。

### (二)数字鸿沟的扩大

由于信息技术发展在不同地区之间存在巨大的不平衡,导致国与国之间,尤其是发达国家与发展中国家之间出现了明显的分化。早在 1990 年,未来学家阿尔文·托夫勒(Alvin Toffler)就曾提出,数字鸿沟会带来新的权力转移。②数字鸿沟已成为当代全球新的贫富现象。经济发展状况包括城市

---

① 数据来源于身份盗窃资源中心(Identity Theft Resource Center)、国际商业机器公司 (International Business Machines Corporation)。
② 托夫勒.权力的转移[M].黄锦桂,译.北京:中信出版社,2018:88.

化及人均GDP水平、信息基础设施、教育程度发展的不平衡,是形成数字鸿沟的重要因素。①

在市场经济条件下,没有政府的强力干预,数字经济和数字金融的发展会自发地产生和扩大数字鸿沟,加剧社会贫富分化。② 特别是发展中国家资源优势和劳动力成本优势随着数字时代的来临无法继续保持,而数字鸿沟则会进一步挤占发展中国家参与全球数据流动的空间。目前,全球经济正在艰难复苏,发达国家与发展中国家在技术开发、产业更新、规则设置等方面的差距进一步拉大。

此外,贫困国家用于建设互联网相关信息基础设施和开展数字技能培训等方面的政府支持和财力投入也非常匮乏,这会提高发展中国家错失新发展机遇的风险,从而拉大国家间的贫富差距,导致数字鸿沟日益扩大,使得发展中国家特别是低发展水平国家被迫卷入恶性循环。

### 四、催生社会与文化风险

数据的流动性与可通约性改变了社会、文化的互联互通状态,为各国、各民族文化传播、交流与融合提供了巨大助力。跨境数据流动的开放性和全球性推动了大众传播、网络传播、智能传播等多种传播机制的交织与融合,形成了复杂的融合传播格局。在这种格局下,世界各国和各民族在文化领域的矛盾与冲突日益凸显。一些国家通过意识形态领域的自由主义思想渗透,借助宣传手段来实现其文化霸权主义目标。

#### (一)西方意识形态渗透

作为一个隐蔽的意识形态战场,网络空间中游荡着各种各样的力量,其中一些力量瞄准国家的意识形态领域,伺机而动。有西方学者指出,试图影

---

① 胡鞍钢,周绍杰.新的全球贫富差距:日益扩大的"数字鸿沟"[J].中国社会科学,2002(3):34-48.
② OECD.Understanding the digital divide[EB/OL].(2001-01-01)[2023-02-01].https://www.oecd.org/en/publications/understanding-the-digital-divide_236405667766.html.

响政治的活动者一直存在于网络空间中,在有一定自由表达空间的国家里,社交网络技术的控制难度随之加大。①

隐私性信息传递空间随着互联网环境的开放自由程度的提升而越发窄化,短时间内的传播增加了外媒对别国事务的舆论干预,对于发展中国家来说尤其如此。我们甚至可以说,政治风险发生的可能性大小,与政府对于网络空间的信息管控能力的强弱直接相关。美国利用网络媒体散布颠覆性消息,挑拨离间,影响一些国家的意识形态,导致这些国家出现政治动荡和政权更迭。例如,21世纪初,格鲁吉亚、乌克兰、吉尔吉斯斯坦等国相继爆发"颜色革命"。② 在美国的操纵下,社交媒体发挥了极其重要的作用,极端思想以病毒式传播为"革命"本身及其蔓延带来了快速而又独特的催化与助推,这场"阿拉伯之春"席卷了中东十几个国家,导致100多万人死亡,并造成了近1万亿美元的基础设施损失。

美西方国家推崇"互联网自由",其提倡的个人主义、无政府主义和自由主义等极易被涉世未深的年轻人所接受。这充分表明了美西方国家通过其价值观引领互联网发展的意图。美西方国家利用互联网信息传播打开更大的话语空间,有效推动其文化对外输出和传播,在夺取互联网空间的信息主导权过程中抢先占据优势地位,从而实现其背后不可告人的战略布局。这样的话语主导地位一旦形成,将会导致话语地位不平等的现象,不利于全球文化多元性的交流。

(二)文化霸权主义

互联网的兴起打破了传统疆域的限制,推动了各类信息在全球范围内的自由流动,而西方资本主义世界中政治话语权突出、经济实力雄厚、军事影响力大、涉入网络时间早、硬件设施和技术优势明显、获利动机强烈的国家,则在国际网络空间中逐步推行"文化霸权主义"(葛兰西在《南方问题的

---

① 曹学娜,蔡静静.冲突融合中的网络文化与传统文化[J].理论与改革,2011(5):112-115.
② DREZNER D W.Weighing the scales:the internet's effect on state-society relations[J].Brown journal of world affairs,2020,16(2):31-44.

一些情况》中第一次引入"文化霸权"的概念,他认为民主化水平较高的西方资本主义国家,不再采用暴力的方式进行统治,而是采用宣传的手段来实现在精神与道德领域的统治地位,促使人们接受其文化伦理、意识形态、政治理念与法律制度,以达到其领导地位被接受、被合法化的目的)。其形成与发展体现出技术强势一方对弱势一方的文化控制,主要表现为以下方面。

一是网络强国在网络空间中实施文化产品的倾销。西方发达资本主义国家凭借着历史机遇、制度优势和雄厚的经济实力,在长期发展过程中,逐步建构起庞大的文化工业系统,包括图书出版业、音像制品业、电影电视产业、报纸杂志产业等,使文化成为自动化生产模式下的产品。大型传媒集团凭借着高端的人力资源、丰富的运作经验、雄厚的资本实力,将西方意识形态、价值观、文化思想等内容以电影、电视剧、图书等方式进行"包装",出产形象生动的"文化产品"。网络媒体进一步增强了"文化产品"的复制能力,使各类"文化产品"以规模化的形式被大规模复制,它也为"文化产品"向网络实力弱、生产能力有限的国家进行单向传播提供了一个便捷的渠道。如同第一次工业革命中蒸汽纺纱机给传统手工纺纱作坊带来的毁灭性打击一样,西方资本主义国家的文化产品在内容、形式、规模、传播技术等方面的优势使其对于弱势国家的冲击是压倒性的。

二是网络强国在网络空间中构建强势网络文化舆论优势。网络媒体的发展打破了以官方机构为主的文化产品生产机制、文化信息生成与传播机制,弱化了政府对于文化产品生产、文化信息生成与传输过程的"把关"能力,多样化的文化载体来源渠道、碎片化的文化内容、双向化的文化传输方式,使社会舆论变得分散而自由,去政府中心化的文化舆论发展趋势越来越明显。西方发达资本主义国家在网络空间中对弱势国家进行强制性、单向化文化产品倾销的同时,也在借助弱势国家文化舆论中心消解的机会,逐步控制该国文化舆论中心,导致更大范围、更深层次的"文化渗透"。

三是网络强国在网络空间中实现意识形态的同化。网络空间中充斥着大量外来"文化产品",广大民众毫无防备地消费、认可、推崇此类"文化产品",由此便会潜移默化地接受其背后所暗含的体制优越感、文化先进思想、西方中心主义观念、消费主义思想等,进而对本国政治体制、文化形态、价值观念产生怀疑与批评。这是西方强势文化对弱势文化的冲击与毁灭,造成世界文化同质化、单一化发展,不利于世界多样文化共生共存。更严重的是,这逐渐颠覆人们原本与本国政治、经济、社会实际情况相契合的价值体系和世界观,让人们产生对国家的认同危机,轻则造成人才流失,重则影响到社会的稳定与民族的存亡。

（三）社会犯罪

随着万物互联的大数据时代的到来,数据技术的迭代推动数据规模呈爆炸式增长。与此同时,网络数据安全的脆弱性与易受攻击性特征也随之凸显。在数据违规收集、数据泄露、数据丢失、数据滥用等安全事件层出不穷的社会现实下,网络数据犯罪逐步成为网络犯罪的重要组成部分。如图2-2、图2-3所示,系统入侵成为近年来数据泄露的最主要途径,而特权滥用、数据窃取等手段则不再适用于今天。

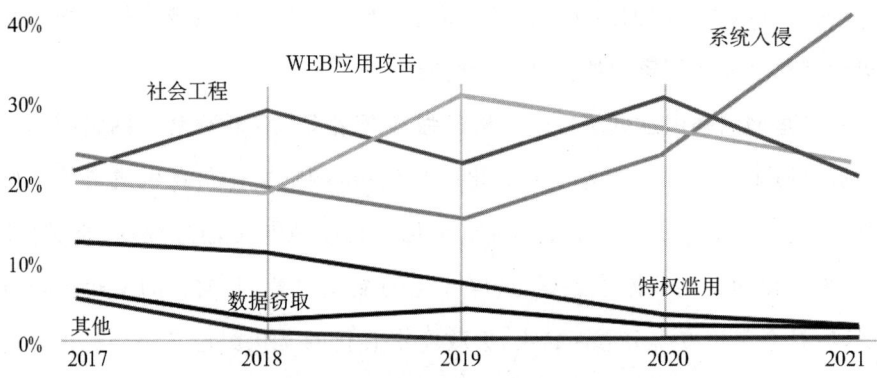

图 2-2　2017—2021 年数据泄露主要途径分析①

---

① 数据来源：Verizon《2022 年数据泄露调查报告》。

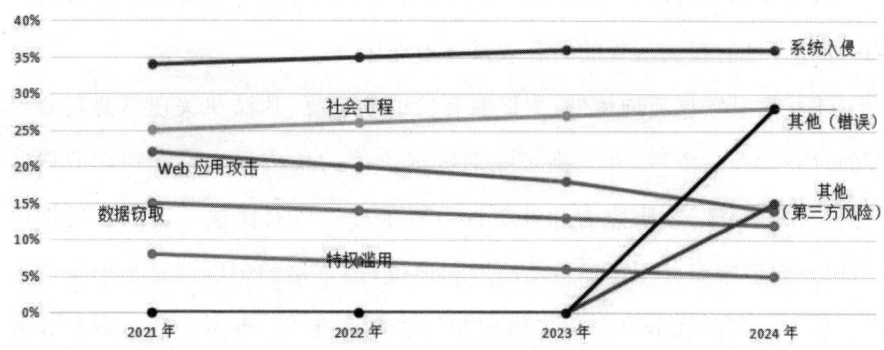

图 2-3　2021—2024 年数据泄露主要途径分析①

以区块链为代表的数字经济在金融领域的应用与发展,引发了诸多问题。区块链技术包含了密码学、共识算法和网络技术,与生俱来的去中心化特征使其难以受到监管,对现有规范体系构成了挑战。一些不法分子利用区块链技术进行伪装,以金融创新为名实施诈骗活动,从而引发金融风险。此外,区块链技术驱动下的数字货币技术,也会导致伪造货币、变造货币等犯罪行为的发生。

随着数字经济发展,网络"黑灰产"成为数字经济时代网络安全领域的一个突出问题。"黑灰产"是指借助网络媒介和技术,为黑客攻击、网络盗窃、网络诈骗、网络黄赌等违法犯罪活动提供支持,并从中非法牟利的行为,其中以网络恶意攻击最为典型。网络恶意攻击是依托于网络社会的攻击行为,包括对另一自然人的计算机数据进行攻击和对多人共享的云数据库进行攻击,给予后续可能实施的网络诈骗、网络传销等网络犯罪可乘之机,因网络具有远程化、非对称、难溯源等特点,容易成为犯罪者的犯罪手段。因此,形形色色的网络犯罪已成为数字经济发展的"附带产品"。

网络犯罪已呈现多样化趋势,犯罪主体也从高科技从业人员扩展至普通公民。由于跨国网络犯罪的跨地域性,其危害波及多国,这是普通刑事犯

---

① 数据来源:Verizon《2022 年数据泄露调查报告》。

罪难以达到的。普遍管辖原则缺乏前提基础,司法互助双边协议尚未做到与时俱进,目前相关法规的实施效果并不理想。

随着大量数据流向境外,为提取有价值的证据,执法机关便需要耗费更多的时间和人力资源,并且高效甄别数据价值的挑战增大。在跨境数据取证的合作过程中,预防能力和补救权力不足会形成对执法活动的实质性阻碍,域外取证因而处于更加被动的不利地位,最直接的影响就是增加执法成本。这一系列困难最终导致了跨国犯罪管辖权不足、执法效果不理想等情况的出现。

## 第三节 跨境数据流动风险成因分析

在大数据和数字化背景下,数据跨平台、跨区域的收集、存储、处理、使用和转移已经成为常态化操作。针对上文中跨境数据流动带来的风险问题,本节从以下角度对风险成因进行分析。

### 一、综合国力差距导致技术失衡

一国进入互联网时代的时间直接决定了该国在全球互联网市场上所占据的核心网络资源、技术发展水平、网络管理规制能力等情况,从而带来了跨境数据流动风险。一国互联网信息技术的发展速度及其在互联网空间中的影响力与其政治、经济、军事、文化等方面的综合实力紧密相连。

诸如美国、英国、法国、德国、日本等互联网强国,自二战结束以来,国内政治稳定,军事、经济、文化等领域发展速度飞快,其强大的综合国力使其占据了互联网产业发展的主导地位,享有数据中心国的话语权和相应的支配地位。以美国为代表的互联网科技强国或数据中心国,在20世纪70年代便进入互联网时代,军事、经济、文化的网络化呈现出齐头并进的发展态势,引领着全球网络空间规制,最终成就了相关国家在国际网络空间中的政治影响力、军事攻防能力、经济发展水平、文化传播能力以及对于各类安全问题的防控能力。

从目前来看,世界范围内的数据核心处理能力主要集中在西方国家,尤其是美国。截至 2024 年 3 月,世界大型数据中心分布情况如图 2-4 所示。

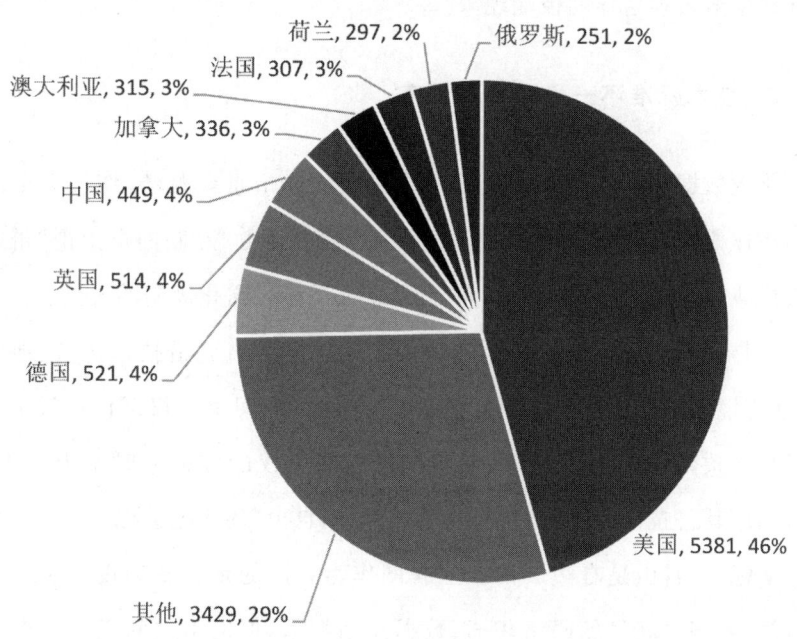

图 2-4　世界大型数据中心分布情况(截至 2024 年 3 月)

美国依仗其数字技术所代表的强大竞争力,积极推行自由的跨境数据流动,在数据利用规则不明确的前提下占用其他国家的数据,并在本国实现货币化。例如,微软、苹果、亚马逊、脸书等全球化数字平台就是通过占有和使用非本国的数据,进而为美国创造出巨大的价值。这一普遍现象造成极不公平的价值创造和分配的发展局面。美国一直利用技术优势和先发优势,与相关行为体形成业缘关系,共同推出标准和规范以保持美国的影响力。

反观其他发展中国家和落后国家,它们在二战结束之后仍然经历了长期的民族独立运动、政治运动、军事摩擦,或者是受制于特殊的地理环境、区域政治关系,呈现出缓慢的经济发展速度,其经济实力、军事影响力、政治话语权、文化渗透与舆论引导能力显然不及发达国家。这造成了部分发展中国家和落后国家的互联网信息技术发展缺乏综合国力的支持,降低了其网络硬件设施、软件系统、技术资源的发展速度,导致国际上出现了数据中心国和数据附属国这样的极端现象。

**二、技术标准不一导致规范失序**

跨境数据流动已经成为全球网络空间的一个重要范畴,作用于全球网络经济连接、政治互信、文化传播等多个方面。西方"互联网自由论"带来了诸多挑战,导致了国家层面、商业层面、个人层面中文化规制的失灵。

一是国家层面。以美国为代表的发达国家各自凭借技术优势、地位优势,在跨境数据流动规制上展开博弈,争夺网络空间主导权;而弱国、小国力量不足导致国际话语权不足,它们在互联网主权的维护上时常力有不逮。美国利用其科技优势、经济优势推动"互联网自由"的战略进程。

实际上,自由是有边界的。互联网作为一国的重要基础设施和核心战略资源,各国之间虽然网络相通、数据流动频繁,但网络空间仍属于国家主权管辖范围。各国政府均在数字领域探索符合自身利益诉求、发展情况的规制模式,加强网络空间秩序建设。以中国"长城防火墙"为例,防火墙不仅能对文化垃圾进行过滤,也能管理、限制跨境数据流动,维护中国的互联网主权。

二是商业层面。随着互联网的影响力越来越大,众多大规模信息技术公司和互联网服务供应商试图圈占并控制各自的商业版图,利用技术优势、资源优势等设置各自的规则来谋求企业的商业利益、政治利益。以苹果公司为例,它生产的产品采用 iOS 系统,所搭载的应用程序都要从 App Store 中下载,苹果就掌握了应用筛选的权力,建立属于自己的数字领域。

在巨大的利润诱惑前,企业很难保持中立,往往出于利益考量差异化处理不同流量数据。例如,各类社交软件上的热搜榜、推荐榜,部分网络运营商通过控制网站或程序运行速度暗中影响用户的使用选择。在信息技术公司、互联网服务供应商各自"圈地为王",难以做到"网络中立"的现实背景下,互联网自由、平等的实现阻碍重重。

三是个人层面。实现"互联网自由"的前提是个人拥有网络权,包括上网权、网络言论自由权、网络隐私权和网络社交权。[①] 联合国人权委员会积极促进上网权的落实,2003年12月在日内瓦举行了信息社会世界峰会,提出建设一个以人为本、具有包容性和面向发展的信息社会,"人人都有创造、获取、利用、分享信息和知识的权利"[②],此后又多次重申上网权是基本人权。目前,希腊、芬兰、法国、西班牙等多个国家已将上网权纳入人权范围,美国则采取行业自律。美国公民自由协会认为,互联网服务提供商必须平等地对待在线数据,而不能基于用户和内容进行区分。[③]

事实上,美国推行的是双重标准,一方面借助互联网软硬件技术巨头的力量打造"网络铁幕",另一方面又打着互联网自由的旗号频频干涉他国网络主权,并且蓄意强化互联网自由与有效规制的对立,以此对其他国家进行网络渗透,妄图谋求数据霸权。美国在国内推动立法,加强对互联网的限制,如2010年通过的《将保护网络作为国家资产法案》规定,联邦政府在紧急状况下拥有绝对的权力来关闭互联网。美国2011年发布《网络空间国际战略》,进一步加强其在全球网络空间的主导地位。美国2016年推出《网络安全国家行动计划》、2023年推出《国家网络安全战略》、2024年宣布延长《涉外情报监视法》,实际上是为建立以美国为中心的全球网络霸权服务。

---

① 何勤华,王静.保护网络权优位于网络安全:以网络权利的构建为核心[J].政治与法律,2018(7):2-20.
② KLANG M,MURRAY A. Human rights in the digital age[M]. London:Routledge-Cavendish,2005:1.
③ 何勤华,王静.保护网络权优位于网络安全:以网络权利的构建为核心[J].政治与法律,2018(7):2-20.

综上,数据自由流动与数据安全流动的冲突不会自行消解,仅凭网络自治和少数国家参与,我们不能维持网络空间良好秩序。数据安全自由流动需要根据不同数据跨境类型进行原则权衡。在此基础上,各国应进一步夯实自身的规制基础,并推动在国际和区域组织层面实现求同存异。

### 三、数据垄断导致资源配置不均

垄断性的互联网巨头企业是推动网络硬件设施发展、软件系统升级、核心资源创新的主体,更是为政府部门、军事机构、文化机构、传媒机构提供技术支持的主体。它们在很大程度上决定着一个国家互联网技术发展的速度与质量。

数据中心国大多是发达资本主义国家,其国内政治稳定、商业环境优越,这就为大型垄断互联网巨头企业的诞生和发展创造了有利的条件,诸如美国的微软、苹果、谷歌、英特尔、英伟达、高通、亚马逊等一大批互联网巨头企业,它们大多拥有20年以上的发展历史,并在行业内占据垄断地位。

垄断性的互联网巨头企业不仅掌握着先进的技术资源,还拥有强大的创新能力,是支持和推动数据中心国互联网硬件、技术、资源快速发展的核心动力,更是支撑数据中心国政治、经济、军事、文化等领域在国际互联网市场中立于不败之地的关键因素。相比之下,大多数发展中国家和落后国家的互联网企业显然无法与之相提并论,它们既没有雄厚的实力和丰富的经验,又欠缺类似的创新能力,这直接导致了本国互联网产业在全球范围内竞争力较弱,落后于发达国家互联网产业的发展进度,这也必然加剧跨境数据流动的风险。

### 四、规制诉求不同影响规制效果

世界各国和区域性国际组织在政治、经济、文化等多个领域的发展理念不同,发展水平也参差不齐,且处于不同的发展阶段。这就使得相关国际关系行为体在面对跨境数据流动时有着不尽相同的规制诉求。

例如,欧盟基于构建"更加安全的数字未来",在《一般数据保护条例》中明确了跨境数据流动的四条路径,分别是基于"充分保护决议""标准数据保护条款""约束性企业原则"和特定情况下的数据跨境传输。美国为了继续维护其世界领导地位,凭借技术优势在其《澄清境外数据的合法使用法》(《云法案》)中规定了"数据控制者标准"和"符合资格的外国政府",重点加强其数据长臂管辖。中国则基于推进网络强国建设,明确提出了"境内存储"和"安全评估"两大原则,并通过《国家安全法》《保守国家秘密法》《网络安全法》《数据安全法》《个人信息保护法》等法律法规构建了制度矩阵。[1]

从整体的规制领域来看,跨境数据流动规制主要集中于数据主权、数据自由流动和以隐私保护、数据保护为核心的数据安全问题。然而,从实际规制效果看,数据主权、安全和数据自由流动较难达成规制协同,并且常常出现互斥现象。特别是,绝对的数据主权、充分的数据安全保障往往会限制数据的自由流动,这也是规制领域的主要矛盾之一。鉴于跨境数据流动是一个国内规制与国际规制交织的治理领域[2],为了更好地实现规制目标,各国应通过有效的国际协商在数据主权、安全保障、跨境流动之间寻求最大公约数。同时,应通过经济、文化、技术等综合手段实现规制效果的不断提升。

**本章小结**

跨境数据流动逐渐成为全球发展的新动能,推动着生产力和生产关系的变革,其具有安全、经济、社会与文化等方面的价值,我们需要进一步认识并开拓数据流动应用层面上的价值,并提升数据的有效治理能力。同时,数据在跨境流动过程中潜藏着巨大的隐患,诸如政治风险、经济风险、技术风险以及社会文化风险等。这些风险的根源主要体现在四个方面:互联网技

---

[1] 邵晶晶,韩晓峰.国内外数据安全治理现状综述[J].信息安全研究,2021(10):922-932.
[2] 张舵.跨境数据流动的法律规制问题研究[D].北京:对外经济贸易大学,2018:37-38.

术水平与国家综合实力的影响、西方"网络自由论"的渗透、互联网头部企业的垄断以及国家政策规制能力的不足。全球互联网发展的不平衡和不断放大的风险对现有治理体系提出了更高要求，对跨境数据进行规制已成为全球数据治理的必然选择。

# 第三章　跨境数据流动规制的主体

现代规制是一个复杂的互动过程，其实质是不同政治力量和经济力量相互角逐，也是问题的来源。"规制者"被视为"用来设置其他计时器的时钟"①。规制主体是规制行动的发起者和具体承担者。日本著名产业经济学家植草益认为，规制的主体主要有两种：在私的规制中，规制的主体是私人，如长辈对晚辈进行的规制；在公的规制中，规制主体是社会公共机构，包括司法机关、行政机关、立法机关以及社团组织等，这些机构对私人以及其他市场行为主体进行规制。

跨境数据流动这样的"虚拟社会系统"，需要大量主体参与。习近平在第二届世界互联网大会开幕式上提出："国际网络空间治理，应该坚持多边参与、多方参与，由大家商量着办，发挥政府、国际组织、互联网企业、技术社群、民间机构、公民个人等各个主体作用。"

在此背景下，跨境数据流动规制不再沿用传统的一元式治理，而是趋向于去中心化的多元主体协同治理。具体而言，协同治理是"为了制定与执行公共政策或管理公共项目与财产，一个或多个公共机构连同非政府利益相关者直接参与制定非正式的、目标一致的、审慎的共同决策过程"②。协同治

---

① 鲍德温,凯夫,洛奇.牛津规制手册[M].宋华琳,李鸻,安永康,等译.上海：上海三联书店,2017：5.
② ANSELL C,GASH A. Collaborative governance in theory and practice[J].Journal of public administration research and theory,2008,18(4):543-571.

理体系之下,跨境数据的优化流动是完全可以实现的。一般来说,协同治理不仅能够产生更好的组织效能,以达到降低监管难度的目标,更能够创造必要条件来保障跨境数据流动的秩序及多元主体相应举措的合理性。显而易见,多元主体协同治理俨然成为数据规制,特别是跨境数据流动规制的新趋向,尤其适用于主体众多、风险较高的治理领域。

协同治理体系的核心构件是多元的治理主体。毋庸置疑,跨境数据流动规制是一个复杂而庞大的系统,需要推动各个要素与其子系统有机联动。在跨境数据流动规制主体方面,政府、国际组织、互联网企业、技术社群、民间机构、公民等参与者与其说是跨境数据流动规制的主体,不如说是跨境数据流动规制系统内的子要素,跨境数据流动规制发挥作用需要各个要素和子系统共同参与,实现整体协同之和大于各个要素简单叠加之和。

具体来说,在跨境数据流动规制过程中,主体主要涉及政府、国际组织、公民、技术社群、互联网企业和行业组织。不同的治理主体在跨境数据流动规制过程中需要扮演不同的角色,其角色功能的划分标准,主要参照的是治理主体的治理能力。当然,治理主体在跨境数据流动、传播、变现过程中的作用也是需要认真斟酌的要素。

政府及国际组织主要承担"责任者"的角色,这一角色主要基于二者是传统意义上规制的权威主体,二者在规制治理的合法性、功效性等方面是其他主体所难以企及的。而协同治理主体则根据其作用与功能不同,分别承担了"把关者""协调者""重要参与者"等不同的角色。

## 第一节 政府

当前国际关系秩序与网络空间秩序呈现出多元框架叠合的特征。这一框架既包括主权国家,又包括政府间国际组织和非政府间国际组织。从单一体系的国家分析层次出发,我们已经不能实现对跨境数据流动的准确分析。在国际网络空间中,国家(政府)仍然是最主要的行为体。① 未来,数据安全治理架构的发展方向更倾向于在国家权威主导下的层级化分权,而不是各行为体之间扁平化的政治协商。

政府部门作为国家利益和公共利益的代言人,需要合理利用境内外数据,加强数据的有序流动,推进公共治理。如美国的《高速公路安全法》,自1966年该法案通过以来,美国交通安全管理局这一主体每年都会定期组织各州机关人员召开数据收集和分析的培训会,工作人员参与培训之后,将正式进入实操阶段收集和分析数据。接下来,该局将以数据分析的结果作为核心依据,灵活地调整、修订新的政策。新政策实施以后,将继续收集新的数据,以推动新一轮的效果评估。如此周而复始,循"数"渐进,政府部门逐步确定最有效的举措,以便在全国范围内大力推广。②

在网络空间规制中,以国际组织、企业、技术团体、民间机构等利益相关方起初占据着主导地位,使得全球数据规制体系排斥主权政府的涉入。但正如2013年"斯诺登事件"所揭露的那样,美国政府打着国家安全的旗号放任对于他国政府及公民数据的大规模、一般性审查,只是在表面上严格约束了美国公民的数据审查,以维持其对网络空间信息和行为控制,维系其网络霸权地位。其后,美国政府并未采取实质性改变。比如,美国在与欧盟就数据贸易协议重新谈判的过程中,的确做出了放弃大规模网络审查的承诺;而在美国司法部看来,其依旧有权力要求总部位于美国境内的所有公司提供任何数据。

可见,强调政府借助各种国家机器实现对数据和数据主权的保护,是政府作为数据流动规制主体的一项重要职能,主要体现在以下两个方面:

第一,政府保障个人享有与个人数据处理有关的权利。1995年欧盟颁布的《关于个人信息处理保护及个人信息自由传输的指令》赋予了数据主体

---

① LEWIS J A.National perception of cyber threats[J].Strategic analysis,2014,28(4):566-576.
② 涂子沛.大数据[M].桂林:广西师范大学出版社,2013:65-70.

一系列重要权利。① 此外,为了避免个人数据意外丢失或遭到非法破坏,确保数据在处理、传输过程中不会被任意改写、泄露甚至被窃取,该指令要求各成员国制定相关的政策措施,相关信息主体对网络上的信息享有控制与删除权。适当的遗忘是对数字化记忆中的霸权行为的一个抗衡。

第二,政府保护涉及国家秘密和安全的数据。在大数据时代,政府、个人的诸多行为都有数据记录,而政府部门的领导人或国家安全方面的相关人员的数据一旦泄露的话,必然会威胁到国家安全。《中华人民共和国保守国家秘密法》明确规定,任何危害国家秘密安全的行为,都必须受到法律追究。

## 第二节　国际组织

国际组织是现代国际社会的重要组成部分,是指两个以上国家或其政府、人民、民间团体基于特定目的,以一定协议形式而建立的各种机构。国际组织分为政府间组织和非政府间组织。在跨境数据流动的规制中,国际组织承担着不可或缺的作用,具体到数据隐私与保护监管框架,主要是以欧盟为代表的政府间组织,对跨境数据流动实行"外紧内松"的政策,同时也有以亚太经济合作组织为代表的区域性经济论坛开展的自愿多边数据隐私保护计划。

### 一、政府间组织

跨境零售、跨国公司运行都涉及个人信息的跨境流动,而国际上个人信息的保护和管理水平参差不齐,因此,亚太经济合作组织电子商务指导组下

---

① 罗森诺.网络法:关于因特网的法律[M].张皋彤,等译.北京:中国政法大学出版社,2003:222-223.

设的数据隐私组花费十年时间,倡议并构建了跨境隐私规则体系(Cross-Border Privacy Rules,CBPR),对跨境电子商务的个人信息进行体系化管理。

所谓跨境隐私规则体系,是规范亚太经济合作组织成员经济体的企业与个人信息跨境传输活动的自愿、多边数据隐私保护计划。其规范对象仅限于亚太地区涉及个人信息跨境传输业务的企业,其中并不包括政府。自愿的多边数据隐私保护计划,其重点在于"自愿"二字,该体系只对自愿加入的成员经济体的企业起到规约作用,并不会主动约束体系外的企业。

从定义上看,跨境隐私规则体系与来自美国的行业自律体系相似,企业通过自我规约的方式参与到此体系中来,但其与行业自律又有一定的不同。跨境隐私规则体系拥有法律执行机构,因此其约束力相对更大。此外,跨境隐私规则体系涉及的公司类型比较广泛,只要涉及个人隐私信息的企业都可以被囊括其中。

在个人信息的内容选择上,跨境隐私规则体系并不是强制性的。参加国可以自由选择包括消费者信息、员工信息和健康信息等在内的跨境传输个人信息。例如,美国在加入跨境隐私规则体系时只选择了消费者信息。该体系对企业的范围规定比较宽泛,规范的对象不只是局限于涉及电子商务的经济体,而是所有涉及个人信息跨境传输业务的企业。电子商务的正常运行必然要求收集、存储并掌握个人隐私信息,因此,二者密不可分。从这个视角来看,跨境隐私规则体系和跨境电子商务中的个人信息保护规则体系是等价的。

跨境隐私规则体系在一定程度上是亚太地区各国进行隐私保护政策协调的方式,积极促进了跨境数据的流通,同时推动了亚太地区个人信息保护立法的进程,旨在建立数字时代的商业规则,是一次具有重要意义的尝试。

## 二、非政府组织

在跨境数据流动领域,非政府组织正逐渐成为标准制定的关键力量。

首先，非政府组织能够发挥其专业性和中立性，真正从跨境数据规制现状出发，提出打破传统形式的解决方案，且其在决策过程中提供的科学数据是非政治性的。另外，在网络权利保护这一层面上，国际非政府组织所发挥的推动作用也日益显著，非政府组织包括电子前沿基金会（Electronic Frontier Foundation, EFF）、全球网络倡议（Global Network Initiative, GNI）等。

其次，非政府组织能够集聚多个利益相关方，并凝聚多方共识，使多方共同努力，共享境内外数据流动的新技术与新理念，这也是对民主的标准化治理模式替代方式的探索。在规制政策制定过程中，非政府组织既能够顺应领域内的前沿动态与技术的发展趋势，以技术优劣作为衡量非政府主体探讨合理性进而制定标准的"尺度"参照，同时又能够与时俱进，达到治理效率的优化与提升。非政府组织还能够促进与国际相关组织的技术合作，共同解决数据流动技术的发展难题，推动新产业、新业态的发展，使境内外数据流通技术得到更加广泛和安全的应用。

最后，非政府组织往往通过义务、协商、自愿等方式发挥作用，这与政府不同。非政府组织发挥效能的运行机制并不是使用强制手段，也不是以追求高额利润为根本目的，更多是通过自愿协商和自发组织治理的方式进行治理。非政府组织是处于政府与市场之间的中间组织，可以起到协商的作用。对于拒不参与会议谈判的国家，非政府组织也可以利用其在公众舆论方面的作用，通过公众对相关国家施压。非政府组织还应强化与国际社会、周边国家以及发展中国家的合作，通过举办双边、多边的数据流动安全对话等国际活动，共同构建公平、公正的数据安全流动国际秩序。随着跨境数据流动治理体系逐渐发展为一个由国家、政府间组织和非政府组织等多方共同参与的多元化体系，非政府组织可以发挥其独特的作用，成为谈判的推动者和数据规制执行的监督者。

## 第三节　协同主体

技术社群、互联网企业、行业组织和公民是跨境数据流动规制协同治理的重要组成部分。其中，技术社群和互联网企业是跨境数据流动的直接参与者和责任者，尤其是互联网企业，既生产数据又掌控数据，因此，自我规制尤其重要。这也从一开始就决定了其在规制成本、规制技术、信息接触等方面具有其他主体无法超越的优势，是跨境数据流动规制中"把关者"的不二之选。同样，行业组织也是跨境数据流动协同治理体系中的中坚力量，这类社会组织形式由不同社会背景、不同利益诉求汇聚而成。行业组织作为极其重要的桥梁和纽带，在跨境数据流动规制中应当扮演"协调者"的角色。公民是跨境数据流动过程中数量最多、规模最大、涉及范围最广泛的行为主体，公民的行为是数据产生的基础，在跨境数据流动过程中扮演"重要参与者"角色，其个人素养和参与能力是影响其功能发挥的关键性因素。

规制主体多元化是跨境数据流动规制的必然趋势，技术社群、互联网企业、行业组织及公民各尽其责、各施所长，形成协同治理的合作伙伴关系，建立包括行业组织自律和相关主体自我规制在内的全方位、多元化、协同性规制模式。

### 一、公民

数据的产生依赖于公民个人的行为，互联网时代，任何公民都不能够独立于互联网之外，而所有借助互联网获取信息的公民个人——除非是在未注册或未登录个人账号的情况下浏览信息，即以"游客"身份进入互联网浏览信息，此模式下网站并不收集与用户相关的个人信息数据——都可能被收集数据。从登录网站这一刻起，公民的个人行为和偏好就转化为可被解析的数据,互联网企业则利用技术手段或者各种各样的算法开始收集这些数据,并使其进入流动过程。个人数据流动过程与数据生命周期大体重合,包含数据收集、数据传输、数据使用、数据存储和数据销毁五个主要阶段。从这一角度出发,公民也是跨境数据流动规制过程中重要的数据生产者和参与主体。

对于互联网企业而言,公民个人一旦注册成为其用户,以业务为导向的数据收集会增强用户黏性从而带来收益,数据的收集直接与商业活动产生关联。互联网行业普遍的做法是在收集用户数据之前以协议或者提醒的方式进行明示,以尊重用户的选择权利。

大数据的重要性逐渐被各界特别是互联网企业所认知,互联网企业对于用户数据的收集需求不断增长。从最初的个人基础信息,如手机号码、用户身份信息、用户网络信息等,到现在用户所使用的设备信息、地理位置以及所有用户在不同设备上的搜索记录、浏览时长和消费偏好,都成为互联网企业追逐的对象,因为这些信息对于分析用户偏好、描摹受众画像来说已经足够有效。互联网企业的动机十分清晰明了,即通过尽可能多的用户信息,帮助自身为用户提供尽可能精准的个性化服务。这种精准的服务是互联网企业能够优化产业结构、吸引用户关注、促成交易增长的关键所在。企业不断扩大个人数据的收集范围,用户将会暴露更多的隐私信息,如情境感知系统、位置服务系统、GPS 系统等不仅能够提供用户的行踪,还会额外提供诸如情绪状态、喜爱偏好等更加个性化、私密化的信息。

在中国现行的个人信息保护法规中,个人信息的定义往往更侧重于姓名、身份证号、电话号码、住址等主体信息内容。互联网企业在收集用户数据时除了收集上述个人信息之外,还会关注那些被用户允许后自行采集、跟踪的信息,如个人的即时位置、通讯录中的信息、图库中的信息、在搜索引擎中搜索过的历史信息、麦克风记录下的语音信息等。主体信息与个人身份之间有着紧密的联系,上述附加信息会扩大个人空间的暴露范围;通讯录信息可以读取用户的联系人信息;好友推荐功能将会读取和收集与用户联系密切的人群的相关信息;图库信息则可以读取用户的拍摄偏好和"种草"需求,也会读取其他功能伴随收集的用户位置、面部照片等数据。

公民是创造数据的主体之一,如果其数据权利能够得到切实有效的确认和保障,数据权利便能成为公民用以规范政府权力运行、促进国家与社会关系良性发展的有力工具,以技术规制数据权力,国家与社会关系的格局也随之得以重塑。

## 二、技术社群

自20世纪80年代中期以来,随着互联网商业化快速发展,一系列技术问题日趋凸显。在历史同期,各国政府在网络空间中并未起到规制主导的作用,更多地体现为类似无政府状态下的依托代码治理和民间技术社群的规制自治,形成了一种开放、透明、自下而上的多利益攸关方的网络治理模式[1],并对互联网的规制发展起到了重要作用。

例如,互联网工程任务组(IETF)作为一个非营利性的、开放性的民间行业机构于1985年正式成立,它由网络设计师、运营商、服务提供商等多元主体共同参与,主要负责两个维度的策略制定:一是互联网运转标准的制定;二是互联网控制协议的制定。具备成熟的发展基础与迫切的客观需求后,国际互联网协会(ISOC)于1992年成立,旨在为全球互联网的发展最大限度地创造有益、开放的条件,并围绕互联网技术这个中心展开标准制定、信息发布、培训组织等一系列活动。[2] 1998年,互联网名称与数字地址分配机构(ICANN)宣告成立。这是一个汇聚全球网络界商业、技术及学术领域专家的技术社群组织,拟通过互联网协议(IP)地址的空间分配、协议标识符的指派以及根服务器系统的管理,提升全球互联网的安全性与稳定性,增强其运营的协调性。

---

[1] 鲁传颖.网络空间大国关系演进与战略稳定机制构建[J].国外社会科学,2020(2):96-105.
[2] 郎平.网络空间国际秩序的形成机制[J].国际政治科学,2018(1):25-54.

由此可见,早期的互联网规制发展更多围绕技术和关键资源展开,并呈现为技术社群主导的"网络空间自治"倾向。不容忽视的一点是,在互联网规制发展体系中,美国一直是一个与众不同的存在。一方面,因为互联网的诞生以美国政府为主导,这就直接决定了互联网域名等关键资源的管理仍然处于美国商务部的监督之下;另一方面,由于许多技术社群的组织注册地在美国,因此它们必须接受美国的司法管辖。[①] 由此可见,技术社群更多扮演规制先锋的角色,而主权国家则会牢牢掌握规制的主导权。

### 三、互联网企业

跨境数据流动不仅使企业实现了全球化运营,也使各类企业更加紧密地融入全球化发展的进程中并持续创造经济价值。数据服务企业依托自身优势,摆脱地理位置限制,拓展主营业务,挖掘市场与空间。物联网、大数据、云计算、存储和处理传输等技术的出现,使得数据的地理位置的不确定性越来越明显。与此同时,数据的地理位置也越来越不重要。

从互联网到移动互联网再到物联网,在互联网平台迅速发展的同时,数据越来越成为互联网公司最为看重的生产要素之一。用户在游戏社区、视频网站、博客、论坛、微博、微信等平台的行为,都会产生大量相关的数据记录。"所有的机械或电子设备都可以留下数据痕迹,这些痕迹表明了它的性能、位置或状态。这些设备和使用它的人通过互联网相互交流,又形成了另外一个庞大的数据源。当这些数据与来自其他媒体、无线或有线电话、有线电视、卫星等来源的数据相结合后,显得更加庞大无比。"[②]这些数据记录通常被企业或社会组织等占有并控制,企业或组织通过利用、开发这些数据,攫取"信息化红利"。

随着数据规模和体量的迅猛增长,需要处理的信息量极为庞大,已经远

---

① 郎平.网络空间国际秩序的形成机制[J].国际政治科学,2018(1):25-54.
② 达文波特.中国的雄心应该拓展到大数据领域[J].IT时代周刊,2012(13):14.

远超出了普通电脑的存储和处理能力。这种现实需求推动了云技术的诞生,人们将数据存储在网络服务器上,并通过网络进行操作和处理。近年来,云端服务作为一种新兴商业模式迅速崛起,但这种服务通常只有少数互联网巨头公司能够提供。全球的数据中心被五家跨国公司所控制,而全球的云计算产业与市场,也基本上由这些巨头所主导。

以脸书、亚马逊等为代表的数据科技公司主宰着数据世界,数据科技公司以貌似"主角"的身份率先掌握着数据主权,而其所在的国家则如同布景一般位居次位。然而,数据安全主要的保护内容是隐私与安全,当一般性的法律监管很难对这类安全的管理保护实行全覆盖时,主权国家作为实际控制数据的核心主体也会采取跨境流动管制、数据信托、本地化存储等措施。无论具体措施如何,数据背后那些互联网公司获取个人隐私的合理性与安全性是数据主权的正当性基础,也是数据在境内外依法、合规、有序流动的前提。

当信息和言论被科技公司控制时,自由民主头上的达摩克利斯之剑也随即高高悬起。从某种意义上说,虽然数据科技公司是数据的拥有者,但是这并不意味着数据科技公司需要被赋予权力并免除义务。相较而言,数据科技公司更应遵循公平、公正的原则,严格遵守公法制度,并积极履行更多的社会责任。这些责任包括提高信息透明度、确保可问责性,以及秉持以人为本、尊重人权的理念。从企业的二重性上来讲,在获得用户、服务用户时,数据科技公司不仅要承担私法上的义务,还要承担更多的公法责任,即使是新的主权者也必须敬畏法律、遵守法律。

从公共部门经济学的角度出发,外部性的存在意味着数据的分享、流动需要规制,尤其在数据跨境流动的情况下。数据的跨境流动促使数字经济得到进一步的创新与发展,但公民的隐私容易受到外国政府监控、黑客攻击,存在数据泄露的威胁。虽然数据科技公司也会采取措施保护用户数据,但企业的自我规制往往不足以解决外部性问题。研究显示,如果数据科技公司拥有充分的数据产权,它们会倾向于囤积数据、限制数据分享,使社会福利低于最优状态。此外,"隐私悖论"的存在意味着消费者大多在态度上重视隐私,行为上却颇为懈怠(不愿花费很小的成本改变隐私设置,或者停止使用相关的数据服务),这也使得企业缺乏动力提供最严格的数据保护。

### 四、行业组织

在互联网企业对自身用户隐私信息的保护体制中,自律机制是一个关键性要素。比如,中国互联网协会作为中国互联网最主要的自律性组织,其于2002年公布了《中国互联网行业自律公约》,该公约倡导互联网行业在内的从业者积极加入本公约,真正践行此公约的核心理念,要求行业成员自觉维护消费者的合法权益,保守用户信息秘密,不利用用户提供的信息从事任何与向用户作出的承诺无关的活动,不利用技术或其他优势侵犯消费者或用户的合法权益。① 但随着技术迭代,该公约对行业的实际制约作用已逐步弱化。需要指明的是,该公约实际上欠缺具体的、有效的实操手段,且缺乏全局视域下更为精细的自律规定。

建立高效的自律机制对于细分行业(包括但不限于电子商务、社交平台、支付平台、视频门户网站等)是不可或缺的。正如英国以行业的自律监管为互联网的主要监管方式,即使是立法监管也只是辅助性的。行业自发制定的《R3全网络协议》是英国接受度最高、覆盖面最广的行业自律规范。此外,英国还建立了一个由互联网行业协会和用户共同组成的自律组织——互联网监察基金会(IWF)来具体落实协议的规定。② 从客观条件来看,中国互联网领域完全有能力建立较为完善的行业自律规范和公约体系,整体优化数据流动的结构,进一步明确数据控制主体、数据处理者和数据分享行为的相关权责。另外,加强对企业内部数据管理人员的教育培训也是很有必要的。

---

① 中国互联网协会.中国互联网行业自律公约[EB/OL].(2021-12-09)[2022-12-09].https://www.isc.org.cn/article/10677353062592512.html.
② 黄志雄,刘碧琦.英国互联网监管:模式、经验与启示[J].广西社会科学,2016(3):101-108.

《网络数据安全管理条例》于2024年9月24日公布,自2025年1月1日起施行。该条例的发布具有重要意义,它标志着我国数据安全法规体系的进一步完善,对强化数据安全和个人信息保护、保障数据要素有序开发利用、促进数字经济健康有序发展具有重要意义。就我国个人数据的利用和共享来说,此前的法律法规多为抽象的原则表述,缺乏系统有效的阐释,可操作性不强。以电子商务这一最为成熟的细分领域为例,《中华人民共和国电子商务法》在个人数据保护方面也少有提及,仅规定了"电子商务经营者收集、使用其用户的个人信息,应当遵守法律、行政法规有关个人信息保护的规定""应当明示用户信息查询、更正、删除以及用户注销的方式、程序,不得对用户信息查询、更正、删除以及用户注销设置不合理条件"等条款。① 因此,行业内部在一段时期内需要建立有效的自律机制。在数据广告、数据驱动的个性化营销等具体业务领域,各行业必须在明确规则的基础上,自觉自律并相互监督,才能确保数据的合理利用和有效保护。

行业组织还可利用行业整体的信息技术优势,与用户建立隐私协商机制。行业组织通过技术手段与用户协商,就个人数据知情权以及自主决定是否将自身信息开放给第三方机构或平台达成共识,从而与用户建立数据使用的互信关系。这使得用户、行业组织、互联网企业三方真正形成"平起平坐"的关系,而不是当前互联网企业一家独大的强势现状。对于那些以出卖用户数据为手段,攫取不正当利益的"害群之马",政府与行业组织必须强化行业内部的监管和处罚力度,在全平台进行警示,采取多部门联动的综合处罚手段,曝光有问题的互联网企业,从而为用户的数据安全提供强有力的保障。

---

① 中华人民共和国电子商务法[EB/OL].(2018-08-31)[2023-12-10].http://www.mofcom.gov.cn/article/zt_dzswf/deptReport/201811/20181102808398.shtml.

**本章小结**

通过对不同主体的行为特征、利益属性、实际诉求等层面的深入分析和总结,跨境数据流动的规制治理不仅是各主权国家的共同责任,更涉及国际组织、技术社群、互联网企业、行业组织以及公民等多方面的参与。这些主体都在跨境数据流动治理中发挥重要作用,因此要充分调动各方积极性,使其发挥协同作用。跨境数据流动规制主体的显著特征是主体多元化,只有坚持多元主体共同参与和治理,跨境数据流动规制才能有效推进和顺利实现,其成效才能得到显著提升,良好的跨境数据流动生态才有可能形成。

# 第四章 跨境数据流动规制的类型

2009—2018年,跨境数据流动实现的经济增长约占到全球GDP总量的3%左右,相当于2.3万亿美元,并使全球GDP增长约10.1%。在此基础上,预计到2025年,跨境数据流动将为全球GDP贡献近11万亿美元。世界贸易组织秘书处和经济合作与发展组织(OECD)2025年2月10日发布的《数据监管的经济影响:平衡开放与信任》指出,数据流动已成为社会和经济互动的命脉,如果所有经济体都采用包括保障措施在内的开放制度,全球出口将增长3.6%,全球GDP将增长1.77%。低收入和中低收入经济体的收益将最高,GDP将增长4%以上。[1] 由此可见,跨境数据流动体量庞大、涉及面广,牵一发而动全身。跨境数据流动规制成为当前国际上政府博弈、规避自身风险、保卫主权国家网络与信息安全最为有效的工具。

联合国秘书长安东尼奥·古特雷斯在第13届联合国互联网治理论坛开幕式上强调,在数字化时代,互联网治理不能"纸上谈兵",需要制定具体政策、规则来直接约束互联网企业等,而不是依靠市场的自我调节。数据已经成为差异化竞争的核心元素,"谁在有关数据隐私和数据流的规则、标准和规范、技术标准、网络安全以及关键技术的全球竞争中获胜,谁将在2030年

---

[1] 世贸组织和经合组织发布报告审查了数据流监管的经济影响[EB/OL].(2025-02-17)[2025-02-22].http://chinawto.mofcom.gov.cn/article/ap/p/202502/20250203564779.shtml.

的经济中拥有重大的竞争优势"①。由于全球尚未形成统一的跨境数据流动规制方案,国际上大多以信息技术规制为前沿先导,以政策法律规制和数字经济规制为主要路径,并逐步强化社会文化规制的管理与引导。

## 第一节 信息技术规制

国际社会关于互联网规制问题的观点经历了一个从技术中立的不受管辖、无须规制到逐步重视监管、建立规制的发展过程。各方从是否需要规制的讨论逐步转化为如何规制的讨论,国际社会在互联网技术规制方面的共识也在逐步增加。

### 一、技术中立与技术监管

在数据赖以生存的互联网领域,大部分人奉行技术中立原则,秉承支持互联网自由的观点。TCP/IP 协议和互联网架构设计者之一的文特·瑟夫(Vint Cerf)坚持互联网的开放性和中立性。他认为,互联网之所以取得成功,关键在于其端对端设计、层次化架构以及开放性标准等网络原则。这些原则赋予网民自主选择和控制自己在线活动的自由。这些原则改变了互联网的性质,并进一步引导网络形成创新爆炸,推动了谷歌、雅虎、亚马逊等众多公司的发展……如果不是互联网的"中立"身份赋予消费者自由,那么个人、企业、社会的网络自由也难以实现。② 文特·瑟夫认为,互联网的技术设计理念包含开放性和中立性原则,这些原则给互联网带来了无限创新活力。

随着技术的发展和应用领域的扩展,互联网带来的积极影响与负面影

---

① GOODMAN M P. Time to align on digital governance[EB/OL].(2020-01-24)[2021-04-02]. https://www.csis.org/analysis/time-align-digital-governance.
② 沉凤.文特·瑟夫:坚持互联网的开放性和中立性[N].人民邮电报,2007-05-23(7).

响都是互联网创造者们在研发之初难以估计的。信息技术若要迈向更广阔的未来，就必须更具安全性与可靠性，绝不能放任其无序发展。2003年的信息社会世界峰会（World Summit on the Information Society，WSIS）曾就互联网的规制问题展开讨论。以美国为典型代表的部分国家认为，互联网应是一个不受管辖与约束的自由空间，将其纳入规制的框架限制中是不合理的。以发展中国家为代表的部分国家则主张，国家及国际层面都应建立互联网的规制机制。此次峰会关于互联网规制问题争论激烈，虽未达成共识，但在发展中国家的不懈努力下，旨在缩小数字鸿沟的数字互助基金于2005年创立。在2005年的信息社会世界峰会第二阶段会议上，发展中国家代表再次强调了缩小数字鸿沟和建立互联网国际规制机制的紧迫性。在此次峰会上，尽管各方围绕互联网治理的主导权问题仍存在激烈争论，但最终决定设立一个为期5年的互联网治理论坛（Internet Governance Forum，IGF），以促进对互联网治理相关问题的讨论。

部分学者支持技术监管论，认为技术是互联网维持良好秩序的支配性力量。在互联网发展初期，代码促成了自由在网络空间的扩张，给网络自由乌托邦主义者带来美好憧憬，他们提出了"我们拒绝国王、总统和投票，我们坚信的基本共识是让代码运行"的口号。但代码是由人设计、编制的，其基本理念与运行逻辑一定会受到社会规范和法律体系的影响与控制。代码能带来自由，但同样也能压制自由。以脸书为例，美国政府曾声称脸书用于存储照片的系统Haystack不仅能保护隐私，还能躲避审查，一度被认为是有助于推动互联网自由的有力工具。但事实证明，Haystack在技术上存在漏洞，脸书后来也频频曝出泄密丑闻，技术掌控企业正是数据泄露的风险源。

在技术条件拓展人类的自由领域之时，技术代码作为一种技术规范是如何逐步实现了权力的扩张、代码与法律如何形成良好的互动、技术代码作为一种自治规则究竟是否需要传统法律的规制、自由与规制如何把握均衡点是我们必须思索、探究的问题。网络自由主义者过度强调技术自律，拒绝政府规制与法律的介入，这失之偏颇且不可取，我们不得不思考该如何对其进行规制。有代表性的跨境数据流动技术规制包括区块链规制、数字平台模块规制和数字基础设施规制。这三者并非完全对立,而是在众多实践案例中融合统一,共同实现技术层面的数据规制;同时,它们也与法律和政策规制形成了良好的互动关系。

## 二、区块链与数据流动

随着信息技术和传播媒介的持续进步,区块链技术在社会中的应用日益广泛。区块链的"去中心化"特性,使其在应用过程中能够审视甚至改变部分规则,促进多方互动,并通过多次反复验证实现"节点存储"。这不仅提高了数据的透明度,还有助于加强对数据的有效监管。通过"共识算法",区块链创建了全新的流程,解决了数据易复制、易篡改、非独占等安全性问题,确保所有参与者地位平等、能力相同,并能够充分共享电子数据。

在信息化时代背景下,人们可以将区块链技术与电子数据充分融合,有效利用区块链的技术优势建设一个跨境电子数据共享共治平台。① 在这一平台基础上,针对跨境数据资源搭建一个集机构、组织、个体于一身的系统框架,确保平等、安全、可信,营造数字经济新形态,这对于数据霸权和信息领导权而言是一种反制和抗衡。对于数据安全和数据存储问题来说,技术创新也可以带来实质性突破。此外,人们利用区块链技术能够有效提升电子数据的价值,解决电子数据共享过程中出现的技术性难题,进而推动电子数据共享及数据流动规制的可持续发展。

## 三、数字平台的模块规制

对于跨境数据流动而言,其最主要的活动场域和空间是数字平台。平台内部的模块化格局,从本质上看,是一种建筑化的规制方针,也是跨境数据流动规制的一大技术手段。特别是与物联网连通后,建筑信息模型

---

① 李克.基于区块链的电子数据共享平台建设研究[J].中小企业管理与科技,2021(28):119-121.

(Building Information Model,BIM)技术让信息化得到了真正的实现。各类数字化项目大多运用"BIM+物联网"的多模块信息管理平台,并通过物联网和模块连接技术,保障数据流动的持续性,从而提升了数据及其高效流动的价值,并在这个层面上,实现了数据流动和数字模块的互为建构。模块化经营活动以及互联互通的沟通关系可以大大降低网络外部性因素所造成的市场进入壁垒,逐步发展出以技术创新为导向的竞争性垄断的独特性市场体系。[①]

在全球性数字平台成为新现实的时代,除了主权国家、国际组织之外,数字平台也是跨境数据流动的重要调控主体之一。互联网应用平台的盈利方式发展为以技术接口为核心,连接多端客户,向其提供所需产品,自塑"中介"身份,用交叉补贴方式联结不同的产品和客户群。在平台经营的产业环境之中,互联网企业呈现出竞争状态。腾讯与奇虎的"3Q大战"乃至发展到2025年的TikTok与美方市场的竞争,都是典型的互联网平台之争。从平台竞争的视角来分析和评价3Q反垄断案十分重要。如何对QQ产品性质和相关产品市场进行界定,如何对腾讯的市场力量进行评估,以及如何在平台商战中保护消费者利益等问题,值得我们在反垄断执法中进一步探讨和研究。[②]

随着信息技术的持续升级以及经济全球化的快速发展,网络外部性特征影响着国际市场,国际贸易中的电子商务规模越来越大,其中的跨境电商问题,也是一个数据流动平台的问题。[③] 数据平台如何与数据主权国家展开合作,在联合国等国际组织的框架下高效实现内部边界重构、达成跨国共识,将是未来很长一段时间内全球性数据流动规制及其现代化治理实现平

---

① 曲振涛,周正,周方召.网络外部性下的电子商务平台竞争与规制:基于双边市场理论的研究[J].中国工业经济,2010(4):120-129.
② 张江莉.互联网平台竞争与反垄断规制:以3Q反垄断诉讼为视角[J].中外法学,2015(1):264-279.
③ 鄂立彬,黄永稳.国际贸易新方式:跨境电子商务的最新研究[J].东北财经大学学报,2014(2):22-31.

台化转型的关键问题。

**四、跨境数字基础设施**

在数字平台与传统基础设施边界日渐模糊的今天,数字平台模块化中的跨境数据流动也在朝着"基础设施化"的方向发展。尽管数字经济与高新通信技术密切相关,但我们仍然需要看到其在基础设施层面和技术保底层面的重要的、不可替代的作用。

例如,新冠疫情给全球经济带来了沉重打击,但数字经济的蓬勃发展也缓解了疫情的负面影响,并带来了一些新的产业机遇。① 数据技术以其在风险预警、辅助决策和精准施控等方面的优良效果,促进了制度建设和技术治理效能的转化融合,提升了国家治理体系的效率。

与此同时,数字经济的发展体现为效率提升与创新发展的双重路径。这一点也反映在经济学教授理查德·鲍德温(Richard Baldwin)的著作《失序:机器人时代与全球大变革》中。他在该书中提出:"我们当前正在经历人类历史上的第三次经济大转型。"② 随着各国进一步加强5G、数据中心、工业互联网等新型基础设施建设和推动传统产业的数字化转型,数字经济治理体系和技术层面的跨境数据流动规制将是规范发展的重要抓手。

## 第二节 政策法律规制

数据的掌握已经成为现代国家的核心权力范畴之一,数据作为信息的载体而受到各国密切关注。约瑟夫·奈认为,权力正在发生从"资本密集

---

① 周璐,张帆,王静雯.新冠疫情下数字经济助力中国经济恢复发展的路径探究[J].商展经济,2021(15):24-27.

② BALDWIN R. The globotics upheaval: globalization, robotics, and the future of work[M]. Oxford:Oxford University Press,2019:87.

型"到"信息密集型"的转移,信息力是美国外交力量的倍增器。① 阿尔文·托夫勒则指出,暴力、财富和知识是权力的三个支柱。其中,前两者是低质权力,而知识是高质权力。因此,广泛存在于社会各个方面的数据和信息必然成为社会权力的重要来源,而互联网技术的突飞猛进无疑也使数据和信息的价值日益凸显,这使互联网成为各国间的"兵家必争之地"。

以政策、法律为工具,正是各国和地区跨境数据流动规制的不二选择。正如著名传播学家丹尼斯·麦奎尔(Denis McQuail)认为的那样,网络不在任何一套国家的法律或法规掌控范围内,但使用网络的人必须遵守居住地国家法律规约的控制以及国际法的管理。② 换言之,跨境数据流动规制以法律为基础手段,其目的是既要保证跨境数据流动的自由与便捷,又要对其进行合理、合法的规制。

部分学者立足我国具体实践情况对跨境数据流动规制提出对策性建议,如弓永钦与王健③、高山行与刘伟奇④等。蔡文之在对网络空间监管进行研究的基础上,提出互联网监管应是自律与法治的结合和统一。⑤ 周汉华认为,应该对互联网信息进行分类和评级,针对不同的互联网信息应采取有差别的管理方式和管理力度。⑥

## 一、数据主权与安全

麦克卢汉于1964年在他的《理解媒介:论人的延伸》一书中首次提出"地球村"概念。"地球村"在今天已经成为一个常规的客观存在,随之而来的是

---

① NYE J S. Power in the global information age: from realism to globalization[M]. New York: Routledge, 2004: 75.
② 麦奎尔.麦奎尔大众传播理论[M].崔保国,李琨,译.4版.北京:清华大学出版社,2006:78.
③ 弓永钦,王健.APEC跨境隐私规则体系与我国的对策[J].国际贸易,2014(3):30-35.
④ 高山行,刘伟奇.数据跨境流动规制及其应对:对《网络安全法》第三十七条的讨论[J].西安交通大学学报(社会科学版),2017(2):89-91.
⑤ 蔡文之.自律与法治的结合和统一:论网络空间的监管原则[J].社会科学,2004(1):72-78.
⑥ 周汉华.互联网立法需进行整体结构设计[N].人民政协报,2015-04-23(3).

人与人、组织与组织、国家与国家相互交往的互联网空间井喷式发展。在交往过程中,大量数据涌现与流动,进而成为国家治理的新领域。多利益相关体治理的基本模式是主权国家对跨境数据流动的主要治理方式,但在2013年的"棱镜门"事件上演后,美国的"善良管家"(Good Stewards)的身份被各国质疑,其打着良善名头却行霸权主义的客观事实彻底暴露在世人面前。①

数据在流动过程中可以直接反映其所包含的政治、经济、科技、文化甚至是国家安全和军事信息,具备数据技术优势的国家相对弱势国家很容易形成不对称实力,使得弱势一方成为数据的简单生产者和单向提供者,进而在数据主权、产业安全甚至是国家安全等方面遭受潜在威胁。

例如,俄罗斯立足于国家网络主权和本国网络安全的现实诉求,从2015年起就实施了严格的跨境数据流动管控,并在2019年正式实施《主权互联网法》。2020年7月欧洲议会发表的《欧洲的数字主权》报告提出欧洲必须维护其数据主权。② 为延伸欧盟的管控范围,《非个人数据自由流动条例》和《一般数据保护条例》也在会议中被通过,这使其宏观之手从属地管辖延伸到属人管辖,为其构建欧洲共同数据空间提供了有利条件。

"尊重网络主权、维护和平安全、促进开放合作、构建良好秩序"这四项原则,是习近平总书记在第二届世界互联网大会开幕式上针对推进全球互联网治理体系变革提出的真知灼见。其中,"网络主权"占据首要位置,它已成为国家主权在互联网空间的自然延伸,而有效管控跨境数据流动并加强敏感核心数据的本地化存储,已经成为一种新的大国博弈。

## 二、数据保护与本地化

许多国家面对规制多极化、数据争夺加剧、数据鸿沟扩大等问题纷纷出

---

① 陈少威,贾开.跨境数据流动的全球治理:历史变迁、制度困境与变革路径[J].经济社会体制比较,2020(2):120-128.
② 吴沈括,黄诗亮.欧盟的数字主权观:基于欧洲议会数字主权报告的分析[J].信息安全研究,2020(11):1046-1050.

台了相应的法律法规,以维护本国、本地区的数据安全及信息隐私,以避免在跨境数据流动过程中陷入被动局面。个人数据保护在数据治理中是重中之重,制定个人信息保护相关法律越发被国家、组织所重视。[①] 新加坡、欧盟等国家和组织认为,数据流入国和流出国应保持同样的保护程度,也就是所谓"相同保护水平"。主要国家/国际组织跨境数据流动的保护与本地化政策情况如表4-1所示。[②]

表4-1 主要国家/国际组织跨境数据流动的保护与本地化政策

| 序号 | 国家/组织 | 政策 | 特点 |
| --- | --- | --- | --- |
| 1 | 欧盟 | 以地理区域为准,以充分性为原则 | 程序冗杂,标准严苛 |
| 2 | 美国 | 以组织机构为准,以问责制原则为核心 | 规制功能下降,惩罚力度小 |
| 3 | 俄罗斯 | 以地理区域为准,以数据本地化为原则 | 过于排斥 |
| 4 | 澳大利亚 | 以利益均衡为导向,以折中为特征 | 法律不协调,针对性弱 |
| 5 | 日本 | 设立独立监管机构,设置一般性规定,增加主体同意原则的例外性规定 | 国内—双多边—全球,由内及外推进 |
| 6 | 印度 | 以本地化为主,数据分级分类管制,设有豁免规则 | 运营成本增加,数字贸易发展有限 |
| 7 | 越南 | 以数据本地化为主,规定数据收集、使用、分析、处理必须在境内进行,并按照规定期限存储在越南 | 实际执行中,只针对特定公司执行规定 |
| 8 | 中国 | 以主体同意为原则,关键数据本地化,出境需安全评估 | 管理体系不成熟,存在较多短板 |

欧洲是个人信息保护法的发源地,素有注重权利保护的立法传统与文化,并在国家层面上确立、落实了隐私保护的立法。1970年德国制定了世界上最早的个人信息保护法——《黑森州数据保护法》。1973年瑞典颁布了世界上第一部国家级个人信息保护法——《数据法》,此后10年间先后有8个欧洲国家制定了数据保护法。欧盟于1995年颁布了《关于个人信息处理保护及个人信息自由传输的指令》,该指令规定如果个人数据保护

---

① 杨楠楠.中国网络空间国家大数据安全治理研究[D].南京:南京师范大学,2018:92.
② 张衡.大数据时代个人信息安全规制研究[M].上海:上海社会科学院出版社,2020:239.

水平不足,那么个人数据仅可在欧盟范围内流动。① 2016 年 4 月 27 日,欧洲议会发布了经多年商讨的《一般数据保护条例》②,该条例于 2018 年 5 月正式生效,强调保障自然人的信息保护权,在世界范围内为保护个人数据制度树立典范。2024 年 4 月 18 日,欧盟数据保护委员会(GDPR)发布《2024—2027 行动计划》,强调建立新的数字监管框架,欧洲各国也在更新本国数据保护法律以与 GDPR 对齐并解决本地特定问题。

2024 年 4 月 7 日,美国公布了《2024 年美国隐私权法案(草案)》。该法案旨在建立全国性的数据隐私标准,赋予美国公民控制其个人信息的权利。它旨在消除各州法律的不一致性,被视为美国在数据隐私立法方面的重要尝试。此前,美国仅在各州层面拥有个人信息保护法律,比如《加州消费者隐私保护法》,其先进性在于增加了更正不准确信息的权利、限制使用和披露敏感个人信息的权利。

俄罗斯的数据本地化存储规则对企业施以严格限制,并由政府严控互联网访问、传输、存储等相关环节。俄罗斯颁布的《个人数据保护法》规定,涉及公民信息的网络公司,其数据的存储与处理必须限于俄罗斯境内。俄罗斯甚至修订其现有法律,允许政府在必要时通过重新路由本地服务器的所有流量,将俄罗斯互联网与全球网络断开。苹果、谷歌、脸书、推特等互联网巨头也只能将用户个人数据信息存储在俄罗斯境内服务器上,而不是其位于美国的总部。③ 但俄罗斯这些规则的实施效果并不理想,一是由于落实过程中存在较大技术挑战;二是由于严格的跨境数据流动规制对大量跨国网络科技企业的正常运营产生影响;三是由于俄罗斯电信监督局在此规制

---

① 刘敏敏.欧盟《个人数据保护指令》的改革及启示[D].重庆:西南政法大学,2014:55.

② On the protection of natural persons with regard to the processing of personal data and on the free movement of such data, and repealing directive 95/46/ec(general data protection regulation). [EB/OL].[2021-04-02].http://ec.europa.eu/justice/data-protection/reform/files/regulation_oj_en.pdf.

③ 刘维靖.俄新法规定公民数据只能存于境内服务器[EB/OL].(2015-09-01)[2022-02-01]. https://world.huanqiu.com/article/9CaKrnJP3mA.

体系中拥有极大权力,有过度管控网络自由的风险。

日本作为一个发达的资本主义国家,在数据保护方面起步较早。在2015年修订的《个人信息保护法》中明确规定了三种向境外转移个人数据的合法途径。这三种途径是在借鉴欧盟模式的基础上,结合日本国情确定的,有效促进了日本的跨境数据自由流动。除在本国进行立法规制外,日本还积极参与双边谈判和多边谈判。得益于其较为完备和领先的产业体系和工业实力,日本紧密跟随美国跨境数据自由流动的政策主张,参与《跨太平洋伙伴关系协定》(TPP)及《全面与进步跨太平洋伙伴关系协定》(CPTPP)中,推动数据跨境自由流动规制的发展。2019年日本同欧盟的数据跨境充分性互认协议正式生效,彼此间在个人数据领域形成了双向自由流动。简言之,日本同时与欧盟和美国两大规制体系进行了对接。

实施数据本地化并限制跨境数据流动的典型国家还有印度。印度2018年发布了《电子药房规则草案》,旨在通过电子医药行业为试点推行反对跨境数据流动的政策。此后,印度又相继颁布效仿欧盟《一般数据保护条例》的《个人数据保护法草案2018》和《印度电子商务国家政策框架草案》,这表明印度加速推进数据存储本地化进程。相较于同样实施数据本地化政策的俄罗斯,印度为了促进本国数据产业的发展,并未严格落实"数据保护主义"。作为世界上第二大的发展中国家,印度与美英体系有着较为紧密的依附关系。同时,较为悠久的历史和复杂的国内局势又使得印度必须考虑自身发展实际,不能盲从美英体系,因此,其需要在全球化和本地化之间寻找一条平衡路线。简而言之,其数据本地化策略一方面显示其融入数据全球化的意图,另一方面又反映出其发展数字经济的强烈诉求。

越南在2018年6月通过了《网络安全法》,要求所有国内外电信网络和互联网服务及其他增值服务的提供商,只能在越南收集、使用、分析和处理个人信息,由越南用户生成的数据必须依照规定的期限存储在越南。在实际操作中,数据本地化要求范围有所缩小,政府表明这项规定只针对那些收到有关违法行为通知后还不采取行动的公司。

《中华人民共和国网络安全法》第三十七条规定:"关键信息基础设施的运营者在中华人民共和国境内运营中收集和产生的个人信息和重要数据应当在境内存储。因业务需要,确需向境外提供的,应当按照国家网信部门会同国务院有关部门制定的办法进行安全评估;法律、行政法规另有规定的,依照其规定。"这反映了从中国境内收集到的个人信息及重要数据,要想传输到境外将不再是一件容易的事情。

综上,世界范围内主流的、最具影响力的数据规制政策、法规各不相同:中国倡导的是安全与发展相结合的数据监管原则;俄罗斯实行纯粹以安全为导向的网络管理;美国倡导市场导向下的信息自由流动;欧盟实施以权利为导向的数字主权模式;印度、越南倡导以国内经济发展为导向的数据治理。可以看出,跨境数据流动的全球化和数据本地化形成了一组有张力的二律背反,如何化解个人数据和隐私保护、网络及公共安全维护、监管执法、数字经济发展等方面的分歧与争端,并实现合作共赢,需要更加深入的分析与探索。

### 三、犯罪管辖与司法协助

在网络犯罪领域,欧盟实施了国际刑事规范——《网络犯罪公约》,从而打击网络犯罪。该公约规定了属地和属人原则的适用条件和范围,对侵犯计算机系统、篡改计算机数据信息、侵犯著作权及相关权利的犯罪行为作出了界定,但在适用过程中存在滞后性。按照普遍管辖的原则,凡是中国缔结或参加的国际条约所规定的罪行,只要犯罪分子在国境内被发现,我国就应当行使管辖权。步入 5G 时代,手机软件侵权屡禁不止,尤其是"大数据杀熟"成为社会热点问题。近年来,我国出台多项规章制度,严控手机软件,在其中新增惩控"大数据杀熟"的内容,规定"不得对个人在交易价格等交易条件上实行不合理的差别待遇"①。

---

① 杨楠楠.中国网络空间国家大数据安全治理研究[D].南京:南京师范大学,2018:92.

为增强对个人数据的保护力度,各国纷纷发挥优势,以长臂管辖、数据本地化备份、监管数据跨境活动等方式为主进行保护,并以立法明确。国与国之间可以通过签订双边司法协助协定来获取数据访问权,这有利于提升司法执法效率。如《中华人民共和国刑事诉讼法》第十八条规定,我国司法机关可按照互惠原则,与外国司法机关相互请求刑事司法协助。截至2023年7月,中国已与84个国家缔结了引渡条约、司法协助条约、资产返还与分享协定等共192项,其中180项已生效。

## 第三节 数字经济规制

随着数字技术和互联网技术的飞速发展,世界经济开始向数字经济全球化转型。数据的内涵和外延也出现了极大扩展,数据成为继土地、资本、劳动力之外的第四种生产要素。[①] 数据作为电子信息领域的"货币",天然具有流通性,并在流动与交换中产生价值。数据权力在表象上是一种技术权力,但背后潜藏着资本的力量。[②]

经济规制并不等同于政府和国家层面的完全操控,而是需要在外部性方面"软硬结合"。"在消费外部性问题解决中,经济法规制机制以软法作为补充规范,结合现行硬法规范,通过确立政府规制路径、平衡权义关系和发挥社会中间层力量,整合不同主体所具有的规制能力。"[③]互联网经济的多元化规制与数据规制是"同构"的关系。"加快构建互联网经济的多元化规制体系,强化法律规制的基础性地位,主要包括加强消费者保护和隐私信息保护、平衡知识产权保护和保护创新的关系、合理进行反垄断和反价格歧视规

---

[①] 黄鹏,陈靓.数字经济全球化下的世界经济运行机制与规则构建:基于要素流动理论的视角[J].世界经济研究,2021(3):3-13,134.
[②] 陈鹏.数据的权力:应用与规制[J].安徽师范大学学报(人文社会科学版),2021(5):111-119.
[③] 杨尊源.规制治理理论视域下的经济法规制机制:以消费外部性问题为例[J].河南工业大学学报(社会科学版),2021(1):22-29.

制、简化不正当竞争行为的判断标准等,进一步优化政府行政规制职能、发挥行业组织自律作用、加强市场主体自我规制。"①

## 一、开征数字税

数字经济虽然在全球发展迅猛,但依旧是一种发展极不平衡的经济形式。少数发达国家依靠综合国力和先发优势,已经在数字经济的发展中再次领跑,并大力倡导跨境数据的自由流动。然而,跨境流动中的数据大多数是未经分析与处理的"毛坯"资料,只有少数领跑国家方能通过其强大的数据计算与分析能力破解数据密码,并将其转变为具有更高生产价值的增值数据产品。这在客观上造成了跨境数据的自由流动变成了价值数据的单向流动,大部分国家沦为数据的生产者和简单提供者,并由此产生了数据鸿沟与收益错配,这也是部分国家开征数字税的原因之一。因不受地域限制,跨国数字企业容易利用经济体之间税制的差异转移利润,如欧洲希望征收数字服务税来增加财政收入。对此,美国则极力反对,认为这是欧盟采取的贸易保护主义行为,甚至希望通过全球税制改革来消除数字服务税。

## 二、数据监管与反垄断

数字经济的蓬勃发展将数据集散的互联网平台培育为重要的新生市场主体。然而,随着它汇集、使用的数据量呈现爆发式增长并带来了十分显著的经济利益,滥用与垄断就成为各国警惕大型互联网平台发展"跑偏"的重要领域。数据滥用主要包括超限收集和加工处理个人数据问题,以及由此衍生的数据非法贩卖问题和"大数据杀熟"等算法侵权问题。

例如,欧盟在《一般数据保护条例》中明确要求,数据体量、收集目的、存储方式等必须作为收集和处理个人数据的前提考虑,同时应坚持合法性、公平性、透明性的原则;《中华人民共和国个人信息保护法》则规定,处理个人

---

① 王茹.互联网经济规制的原则与多元规制体系的构建[J].行政管理改革,2018(1):42-47.

信息应当遵循合法、正当、必要和诚信原则;美国针对脸书将5000万用户的个人信息提供给英国政治分析公司,开出了50亿美元的联邦贸易委员会有史以来最大罚单。

在数据垄断方面,由于大型互联网公司较容易通过其技术领先和用户数量等资源占有市场优势地位,从而在客观上就具有垄断倾向,因此,国际科技巨头如谷歌、苹果、亚马逊等,近年来均受到了包括美国在内的来自全球的反垄断调查。我国国内巨头阿里巴巴也因"二选一"等问题接受了国家市场监督管理总局的依法调查与处罚。[①]

## 第四节 社会文化规制

互联网是人类信息技术革命的产物,集纸媒、广播、电视等传统媒体的诸多优势于一身,其数据具有流动性与可通约性,深刻改变了各国社会、文化的互联互通状态,为各国、各民族文化传播、交流与融合提供了巨大助力。然而,跨境数据流动的开放性和全球性也使不同国家、民族在文化领域的矛盾冲突日渐凸显。尤其是少数发达国家,凭借其在政治、经济和技术等方面的优势,通过大众传播媒介向其他国家单向输出文化和价值观,这种媒介和文化霸权现象颇为突出。

文化与经济、政治相互影响、相互交融,在跨境数据流动过程中存在的文化问题可能影响到各个国家的经济发展水平、政治独立性、国家安全等。因此,社会与文化规制是跨境数据流动规制体系中必不可少的重要一环。如果说信息技术规制和政策法律规制更倾向于管控类规制的话,那么社会文化规制则兼具管控与引导的双重属性,并更加聚焦于数据内容。

---

[①] 市场监管总局对阿里巴巴集团"二选一"垄断行为作出行政处罚[EB/OL].(2021-04-10)[2023-01-11].https://www.ccdi.gov.cn/yaowen/202104/t20210410_239411.html.

## 一、内容管理与控制

互联网的兴起打破了传统疆域的限制,推动了各类信息在全球范围内的自由流动,而资本主义国家中少数政治话语权突出、经济实力雄厚、军事影响力大、涉入网络时间早、硬件设施和技术优势明显、获利动机强烈的发达国家,则在国际网络空间中积极推动文化和价值输出,并以文化产品倾销与文化解读、议程设置与国际舆论营造、意识形态输出与同化为主要表现形式。这种"文化霸权主义"是强势一方对弱势一方的文化控制,应予以主动管控。

与此同时,针对一些反人类的不良传播内容,各国应不分强弱携手抵制。2019年3月15日,新西兰克赖斯特彻奇市发生了一起震惊世界的枪击案。一名行凶者在社交媒体上直播了其枪杀49人的全过程。这一事件不仅引发了全球的震惊和谴责,也促使各国政府加强针对网上暴恐视频的治理。澳大利亚、法国等多国纷纷以立法或修正案形式,规定网络平台删除暴恐、谋杀、强奸等内容。[1]

## 二、内容引导与培育

网络治理要疏堵结合,各国在应对网络文化霸权的过程中,除了管控和预防,更应谋求在社会文化规制中的主动出击,通过全媒体在网络空间积极传递本国声音,展现具有本土意涵的文化内容,并不断提升到达率和传播效果。

以中国为例:一是主动利用互联网媒体构建以马克思主义思想为核心、以社会主义主流意识形态为主体的网上思想文化宣传阵地,将以往由广播、电视、报纸、杂志等媒体构建的线下文化舆论中心因势利导地引入网络空间中,形成符合社会大众媒介接触特征的新的文化舆论中心。二是要加强挖

---

[1] 邵晶晶,韩晓峰.国内外数据安全治理现状综述[J].信息安全研究,2021(10):922-932.

掘、包装、传播中华民族优秀文化,并加强互联网治理进程中的议程设置能力和国际舆论引导能力。中国社会科学院副院长李慎明先生曾提出:"任何一种意识形态,只有扎根于传统民族文化的土壤,才能彰显其强大的生命力。"2013年,习近平总书记在全国宣传思想工作会议上明确提出:"要精心做好对外宣传工作,创新对外宣传方式,着力打造融通中外的新概念新范畴新表述,讲好中国故事、传播好中国声音。"①三是要大力发展社会主义文化产业,并进一步完善文化产业政策,从整体上推动本国文化产业规模化、系统化、国际化发展,以提升本国文化产业的整体竞争力,为国际网络空间中的文化传播提供优质文化产品、先进推广策略方面的支持。四是要进一步强调技术发展和社会秩序的协同发展,加强对互联网文化传播的引导、监督与治理,强化信息筛选、审查力度,将不良文化产品"拒之门外",降低其对于本国公民的不良影响。

**本章小结**

综上,通过梳理跨境数据流动的规制类型,从信息技术、政策法律、数字经济、社会文化等维度来构建跨境数据流动规制体系是非常必要的。在信息技术规制方面,跨境数据流动规制主要以技术监管、区块链共享共治、数字平台模块规制和建设基础设施为规制方向;在政策法律规制方面,跨境数据流动规制主要依赖于主权国家之间基于谈判共识基础上的合作,应充分发挥区域性组织、多边协作机制的协调作用,对相关信息安全与隐私保护开展立法保护,从而在国内外形成具有约束力的制度框架体系;在数字经济规制方面,跨境数据流动规制主要通过税收、反垄断等方式实现;在社会文化规制方面,应更注重对文化价值、意识形态等层面的保护,以及对本土文化的引导与培育等。

---

① 习近平在全国宣传思想工作会议上强调 胸怀大局把握大势着眼大事 努力把宣传思想工作做得更好 刘云山出席会议并讲话[EB/OL].(2013-08-21)[2024-08-09]. http://jhsjk.people.cn/article/22636876.

跨境数据流动：规制与进路

# 第五章　欧盟、美国和中国的跨境数据流动规制实践

从目前跨境数据流动规制治理格局来看，不论是发达国家还是发展中国家，都根据各自政治、经济、社会和文化的价值情况，在跨境数据流动规制模式构建过程中形成了自己的特色，这反映了其政策目标中的不同优先事项。本书考察了可能对跨境数据流动规制产生全球影响的经济体，主要梳理了欧盟、美国、中国的跨境数据流动规制的进程、特点、体系，以期在国家和地区层面上反映出全球跨境数据流动的治理现状，从而为构建相对统一、体现各国核心利益、兼顾数据流动与数据保护的全球规制体系提供经验借鉴。

## 第一节　欧盟：保护个人权利和基本价值

### 一、欧盟参与跨境数据流动规制的进程

欧洲作为高度一体化的同盟体，强调隐私保护与规制的相对统一，其数据治理进程可大致划分为以下阶段。

(一)以公约为主要表现形式的发展阶段

《关于个人数据自动化处理的个人信息保护公约》(以下简称《108号公约》)于1981年经欧洲共同体各成员国通过并执行。[①]《108号公约》是欧洲历史上第一份为隐私保护和个人数据自由流动提供标准和保障的区域性法律文件。该公约原则上促进数据自由流动,明确规定了可以对跨境数据流动进行限制的特殊情况,使欧盟内部的数据流动更加流畅。但因《108号公约》的相关条款不是自动执行条约,各成员国因各国国内法规差异无法保证其顺利履行,其实施效果大打折扣。[②]

(二)以指令为主要表现形式的发展阶段

随着数字技术的发展与应用、数据流动与共享规模的增长,全球社会进入数据驱动时代,数据安全问题不断升级,数据在跨境过程中面临被非法收集、整合、处理、再利用的风险。为满足欧洲区域经济一体化的需要,有效保护个人数据在欧盟以外地区的流动,欧盟理事会决定出台一个指令。[③] 随后,《关于个人信息处理保护及个人信息自由传输的指令》(以下简称《95指令》)[④]出炉。该指令推进了成员国之间个人数据立法的一致性,促进了数据在欧盟境内的合理流通。与《108号公约》相比,《95指令》在跨境数据流动上的立场更加鲜明,但该指令不直接适用于欧盟的公民和企业,对数字经济发展造成了负面影响。

(三)以条例为表现形式的发展阶段

旧有法规逐渐无法满足协调各国信息保护的需要,为了满足信息大数

---

[①] Details of treaty No.108 [EB/OL].[2023-02-11]. http://conventions.coe.int/Treaty/en/Treaties/Word/108.doc.

[②] 刘云.欧洲个人信息保护法的发展历程及其改革创新[J].暨南学报(哲学社会科学版),2017(2):72-84.

[③] TAPPER C.New European directions in data protection[J].Journal of law and information science,1992,3(1):9-24.

[④] PARLIAMENT E.Directive 95/46/EC of the European Parliament and of the Council of 24 October 1995 on the protection of individuals with regard to the processing of personal data and on the free movement of such data[J].Official journal of European communities,1995(281):31-50.

据时代个人信息保护的新要求,2016年,《一般数据保护条例》由欧洲理事会表决通过。该条例直接适用于欧盟范围内的公民和企业,确保了欧盟政策的一致性;增加了"域外适用"条款以谋求更大的域外效力;设置了更加严格和具体的数据保护标准与数据监管机制;完善了公民更为广泛的个人信息权;增设了数据主体的更正权、被遗忘权等一些新权利。①

总体来看,在欧盟跨境数据的法规制定过程中,个人数据经历了从以隐私权为基础到作为新型基本权利正式存在的转变。从《108号公约》到《95指令》再到《一般数据保护条例》,法律的约束力不断增强,数据隐私保护标准越来越提高,操作条款也更加具体化。

**二、欧盟跨境数据流动规制特点**

欧盟倡导的战略是推动形成本地区乃至全球的数字单一市场、引领国际数据流动和保护规则的制定,并推行"内松"和"外紧"政策,具体呈现以下特点。

一是采取"属人原则",确保欧盟成员国的数据主体在域外获得高标准的数据保护。《一般数据保护条例》于2018年正式生效实施。作为单一法令,该条例致力于排除地域限制对个人数据保护的影响,以此加快各成员国关于个人信息规定的统一,实现欧盟内个人数据的自由流动。此外,欧盟实施分级管理的方式管控欧盟外国家和地区的个人数据,并针对性地设立欧洲数据保护委员会(European Data Protection Board,EDPB)以及相关协调机制来作为管理的保障。

二是以充分性认定、建立信任机制等方式推广欧盟数据立法话语权。《一般数据保护条例》允许欧盟委员会对第三国或国际组织内的特定地区、一个或多个部门进行"充分性认定",确定数据跨境自由流动的白名单国家。如果第三国或国际组织能够证明自己在个人数据保护方面达到了"充分"程

---

① 姜澎.中国如何守住"数据主权"[N].文汇报,2014-08-04(1).

度,即与欧盟相当,就可以向其传输数据,无须特别授权。这就相当于把它们放进了白名单,截至2023年7月10日,进入该名单的只有英国、阿根廷、以色列等15个非欧盟国家和地区。此外,对于那些尚未有能力提供足够保护水平的国家,欧盟以签订合同文本的形式在保持数据流通的同时保护个人数据安全。[①] 2020年欧盟法院裁定美国和欧盟之间的隐私盾无效,它认为该框架没有充分执行欧盟的《一般数据保护条例》,美国已不在白名单之列,并且只要《澄清境外数据的合法使用法》(《云法案》)存在,美国进入白名单的可能性就不大。

三是通过完善数据输出规则,拓展数据流动体系。《95指令》第28条规定:"只有当第三方国家通过相关国内法或国际承诺,对个人数据提供充分保护(adequate level of protection)时,才允许将欧盟公民个人信息转移到该第三方国家进行存储和处理。"也就是说,除非域外国家能够达到与欧盟同等程度的个人数据保护水平,否则其将不能够与欧盟实现数据共享与转移。数据企业只有在提供了适当的保障措施后,才可将个人数据传输到第三国或国际组织。

四是强化欧洲数据主权地位,实施数字新政。欧盟一直在探索在整个欧盟范围内共享数据的潜力,以帮助公共行政部门将私营部门数据用于公共利益。网络云设施盖亚—X计划(Gaia-X)是欧洲近年来着重发展的数字武器,其目的在于创建一个涵盖欧洲、高效有力的数据安全基础架构,形成独立的"云替代方案"。欧盟数字新政于2020年2月发布,《欧盟数据战略》中提及"在数据收集和运用的过程中,个人的数据共享基于欧盟的数据保护规则时才有利于数据驱动的创新",旨在突出欧盟是"数据赋能社会"理念的引领者。

---

[①] 吴伟华.我国参与制定全球数字贸易规则的形势与对策[J].国际贸易,2019(6):55-60.

### 三、欧盟规制体系

目前,欧盟已经建立起以《一般数据保护条例》为中心的数据流动规制体系:以"基本权利保护"和"构建欧洲统一数据市场"为政治、经济目标,将数据保护与促进数据自由流动的理念贯穿于欧盟跨境数据流动规制建构与实践中,形成了以"权利话语"为主导的综合性体系。

一是对数据控制者及处理者这两大主体保护数据权利的义务进行了规范与细化,如通过"适当保障措施"管控数据控制者,严格考察数据接收者的数据保护能力。

二是提出数据可在欧盟境内自由流动,严格控制数据向境外流动。通过实施数字单一市场战略,欧盟致力于提升数据市场的数据保护水平,确保包含商品、自由人等在内的数据自由流动。这一战略旨在振兴欧洲数字经济,创造数据治理良性生态,提升欧盟企业在数字贸易领域的竞争力。在此基础上,欧盟以地理位置为基础,以"充分保护"为原则,探索出一条保障全球数据安全和个人信息保护的新路径,带动全球个人信息保护规则的升级。

不难看出,欧盟将跨境数据流动和安全议题紧密结合起来,其目的在于影响并改变他国的跨境数据规则,进而让更多国家接受并服从于欧盟制定的跨境数据规则。与此同时,我们也需要对其中的地缘政治因素时刻保持警惕,深入思考与分析该因素。

## 第二节  美国:促进市场和创新

### 一、美国参与跨境数据流动规制的进程

作为数据强国,美国十分重视并强调个人隐私权的保护,倡导以组织机

构为基准形成行业自律性跨境数据流动规制体系。

一是以自由主义为指导理念的早期数据保护与治理阶段。如1966年颁布实施的《信息自由法》、1974年国会通过的《隐私法》等,奠定了其数据自由传播机制。从20世纪80年代开始,美国重视从行业角度对跨境数据开展治理,《存储通信法案》于1986年为此目的而制定,该法案明确提出服务商不得向外国政府提供数据内容。[①]《计算机安全法》于1987年颁布,该法规强调数据安全保护以及数据主权。[②]

二是以双边和区域性跨境数据合作为重心的规制阶段。美国与欧盟于2000年11月签订的《安全港协议》规定美国本土企业可在条件允许下传递欧盟公民数据;《美国一韩国自由贸易协定》颁布于2007年,其作为第一个约束跨境数据流动的自由贸易协定,在原则性方面对跨境数据流动提出要求。

三是通过授予执法机构获取数据权利以开启数据霸权扩张的阶段。2001年9·11事件发生后,美国通过了《美国爱国者法案》,法案规定出于反恐目的可以无条件获取个人数据。《澄清境外数据的合法使用法》则以维护美国及其伙伴国的公共安全为理由,允许数据跨境自由流动。[③]

## 二、美国跨境数据流动规制特点

美国凭借其在信息通信产业与数字经济上的全球领先优势,主导全球跨境数据流向。美国的跨境数据流动规制整体而言比较宽松、自由,推行行业自律的规制理念,强调在合法公共政策目标得到保障的前提下鼓励支持跨境数据自由流动,具体表现为以下特点。

一是以强调自由与个人隐私权的保护,形成引流效应。20世纪70年代美国发布的《录音、计算机与公民的权利》报告中就曾提到网络产生后带来

---

[①] FILIPPI P DE,MCCARTHY S. Cloud computing:centralization and data sovereignty[J]. European journal of law and technology,2012,3(2):1-21.
[②] 孙南翔,张晓君.论数据主权:基于虚拟空间博弈与合作的考察[J].太平洋学报,2015(2):63-71.
[③] FILIPPI P DE,MCCARTHY S. Cloud computing:centralization and data sovereignty[J]. European journal of law and technology,2012,3(2):1-21.

的个人隐私保护问题。① 1997年出台的《全球电子商务框架》强调：个人隐私和信息自由的平衡是全球信息基础设施发展的充分条件，恰当的隐私保护是必要的。② 美国通过倡导"跨境数据自由流动"，并设置协议条款，以打破数据国界，并进一步破除数据出境壁垒。美国通过规模经济效应促进数据的集聚，以保证获取数据价值最大化，进而巩固其霸主地位。

二是通过各种国际谈判与合作，构建"数据流动圈"，以实现经济利益最大化。美国还积极寻求双边、区域与多边谈判机会，将跨境数据流动规制纳入具有法律约束力的协议中，促使其他缔约国接受美国"跨境数据自由流动"的主张。例如，亚太经济合作组织的《隐私保护框架》制定了成员国应具备的最低跨境数据流动保护标准；《跨太平洋伙伴关系协定》（TPP）引入了"商业信息跨境自由传输条款"，对贸易中数据流动自由、计算设施强制本地化、个人信息保护等内容作出相关规定。

三是强调行业自律在跨境数据流动规制中的作用。作为美国信息隐私保护及亚太地区信息自由流动的重要制度安排，2004年亚太经济合作组织的《隐私保护框架》以及2012年亚太经济合作组织的跨境隐私规则（简称CBPRS）通过引入独立的第三方监管机构——问责代理机构，将行业自律性监管前置于隐私执法机构监管，发挥了行业自律在个人数据保护中的重要作用。

四是以域外效力立法的方式，实施长臂管辖，以扩大国内法域外适用范围与执法权力。如2018年通过的《澄清境外数据的合法使用法》通过适用"控制者原则"，为美国政府与其他国家签订双边条约设定了具体路径，美国因此大大增加了数据管控权力，可极大程度地调查海外数据；同时，对本国数据以人权、法治为由加以保护。2019年，美英就执法机构跨境电子数据获取达成一致。以美国为首的"五眼联盟"（由五个英语国家所组成的情报共享联盟，成员

---

① 张凌寒,杜婧.基于隐私权的个人信息保护路径研究：以美国为研究视角[J].网络法律评论,2016(1):26-47.
② Office of the Press Secretary of the White House. A framework for global electronic commerce: an executive summary[J].Telecommunications,1997,31(9):35-40.

国包括美国、英国、加拿大、澳大利亚和新西兰)提议全球科技企业为政府提供"后门",企图控制数据治理的国际规制。

### 三、美国规制体系

美国凭借在信息工业领域较为领先的产业链和产业竞争优势,形成了以隐私权为前提,以行业自律为运行框架,通过双边、多边以及区域合作路径为主导的跨境数据规制体系。

一是以经济发展为导向的数据保护策略和行业自律的数据规制体系。美国在数据立法方面主要采取了"自由市场+行业监管"的模式,通过健康医疗数据、金融数据、消费数据等行业开展分类监管。

二是采用"数据控制者"原则,利用贸易协议支持自由数据流,禁止数据和服务器本地化,确保其企业不受限制地进入国外市场,以求实现正常流动与合理限制。"正常流动+合理限制"的规制思路一方面蕴含了打破他国互联网服务市场准入壁垒的主张,另一方面表明美国希望利用其遍布全球的通信产业,直接获取关键和重要数据资源,主导数据流向,确立数据规范,维系其在全球数字市场的领导地位。

美国完备的数据流动政策规制体系进一步验证了其所谓"世界警察"的身份,我们必须清醒地认识到,看似自由的美国跨境数据流动规制,充斥着美国霸权主义和强权逻辑,并带来了数据泄露、监管困难等一系列问题。

## 第三节 中国:促进国家和公共安全,倡导数字化发展

跨境数据流动政策因经济、社会、政治等而异,欧盟、美国出于各自国情考虑所创建的跨境数据流动的两大规制模式,奠定了国际上跨境数据流动规制的基本格局。随着数字技术的发展,各国都把数据要素价值和数据规

制作为主要的国家战略。从全球角度来看,构建网络空间命运共同体日益成为国际社会的广泛共识。① 中国作为发展中国家的典型代表,中国特色的跨境数据流动开拓性尝试可以为建构以数字规制为基础的国际机制研究提供样本。

## 一、中国参与跨境数据流动规制进程

根据中国互联网络信息中心发布的第55次《中国互联网络发展状况统计报告》,2024年是我国全功能接入国际互联网30周年。30年间,我国互联网实现了从无到有、从小到大、从大到强的跨越式发展,建成了全球规模最大、技术领先的互联网基础设施,构建起全球最大的网络零售市场和网民群体。网民规模从1997年的62万人增长至2024年的11.08亿人,互联网普及率升至78.6%。②

早期,中国的数据治理处于较为初级的阶段,跨境数据管控力度较弱,尚未形成系统的机制。然而,随着大数据技术的兴起,中国开始积极探索跨境数据流动的规制措施,并加快相关法规的建设。在数据安全和信息隐私保护方面,中国提出了一系列创新理念和解决方案,为全球数据治理贡献了新的思路。表5-1展示了2010—2024年中国在跨境数据流动领域相关规制的发展情况。

表5-1 2010—2024年我国跨境数据流动规制情况

| 序号 | 时间 | 名称 | 有关跨境数据流动规制的关键内容 |
| --- | --- | --- | --- |
| 1 | 2011年1月 | 《人民银行关于银行业金融机构做好个人金融工作的通知》 | 在中国境内收集的个人金融信息的储存、处理和分析应当在中国境内进行。除法律法规及中国人民银行另有规定外,银行业金融机构不得向境外提供境内个人金融信息 |

---

① 习近平致第四届世界互联网大会的贺信[EB/OL].(2017-12-03)[2022-03-20].http://www.cac.gov.cn/2017-12/03/c_1122050346.htm.
② 第55次《中国互联网络发展状况统计报告》[EB/OL].(2025-01-17)[2025-02-13].https://www.cnnic.net.cn/n4/2025/0117/c88-11229.html.

第五章 欧盟、美国和中国的跨境数据流动规制实践

续表

| 序号 | 时间 | 名称 | 有关跨境数据流动规制的关键内容 |
| --- | --- | --- | --- |
| 2 | 2013年2月 | 《信息安全技术公共及商用服务信息系统个人信息保护指南》 | 未经个人信息主体的明示同意,或法律法规明确规定,或未经主管部门同意,个人信息管理者不得将个人信息转移给境外个人信息获得者,包括位于境外的个人或境外注册的组织和机构 |
| 3 | 2013年3月 | 《征信业管理条例》 | 征信机构向境外组织或者个人提供信息,应当遵守法律、行政法规和国务院征信业监督管理部门的有关规定 |
| 4 | 2014年12月 | 《关于加强党政部门云计算服务网络安全管理的意见》 | 为党政部门提供服务的云计算服务平台、数据中心等要设在境内。敏感信息未经批准不得在境外传输、处理、存储 |
| 5 | 2015年1月 | 《关于促进云计算创新发展,培育信息产业新业态的意见》 | 研究完善云计算和大数据环境下个人和企业信息保护、网络信息安全相关法规与制度,制定信息收集、存储、转移、删除、跨境流动等管理规则,加快信息安全立法进程 |
| 6 | 2015年7月 | 《中华人民共和国国家安全法》 | 加强网络管理,防范、制止和依法惩治网络攻击、网络入侵、网络窃密、散布违法有害信息等网络违法犯罪行为,维护国家网络空间主权、安全和发展利益 |
| 7 | 2015年12月 | 《中华人民共和国反恐怖主义法》 | 对互联网上跨境传输的含有恐怖主义、极端主义内容的信息,电信主管部门应当采取技术措施,阻断传播 |
| 8 | 2017年4月 | 《个人信息和重要数据出境安全评估办法(征求意见稿)》 | 从保障个人信息和重要数据安全角度,规定了数据出境安全评估的原则和具体要求 |
| 9 | 2017年5月 | 《信息安全技术数据出境安全评估指南(草案)》 | 规定了数据出境安全评估流程、评估要点、评估方法等 |
| 10 | 2016年11月 | 《中华人民共和国网络安全法》 | 关键信息基础设施的运营者在中国境内运营中收集和产生的个人信息和重要数据应当在境内存储 |
| 11 | 2017年7月 | 《关键信息基础设施安全保护条例(征求意见稿)》 | 采取措施,监测、防御、处置来源于中国境内外的网络安全风险和威胁,保护关键信息基础设施免受攻击、侵入、干扰和破坏,依法惩治网络违法犯罪活动 |
| 12 | 2017年12月 | 《信息安全技术 个人信息安全规范》 | 促进个人信息的数据保护,防止被非法传输利用 |
| 13 | 2019年5月 | 《数据安全管理办法》 | 保护公民、法人和其他组织在网络空间的合法权益,保障个人信息和重要数据安全 |
| 14 | 2019年6月 | 《个人信息出境安全评估办法(征求意见稿)》 | 探索建立政府部门评估和企业自评估相结合的评估体系 |
| 15 | 2021年9月 | 《中华人民共和国数据安全法》 | 在数据安全领域有法可依,为各行业数据安全提供了监管依据 |
| 16 | 2021年11月 | 《中华人民共和国个人信息保护法》 | 为个人信息权益保护、个人信息处理者的义务以及主管机关的职权范围提供法律依据 |
| 17 | 2022年7月 | 《数据出境安全评估办法》 | 明确数据出境安全评估的范围、条件和程序 |
| 18 | 2024年3月 | 《促进和规范数据跨境流动规定》 | 给予自贸区更大授权,支持其在数据跨境便利化政策上先行先试 |

## 二、中国跨境数据流动规制特点

作为互联网大国，中国的跨境数据流动规制具体表现在数据安全与信息隐私保护的规制上。虽然中国的相关工作起步较晚，但随着对网络安全、信息化的重视程度的提升和信息技术水平的快速发展，近年来中国的相关规制体系正在逐渐完善，在数据安全与信息隐私保护方面的具体措施及特点主要体现为以下三个方面。

### （一）立法上确立信息安全保障体系，建立健全数据保护规制

2015年7月1日，《中华人民共和国国家安全法》①中第二十五条规定："国家建设网络与信息安全保障体系，提升网络与信息安全保护能力，加强网络和信息技术的创新研究和开发应用，实现网络和信息核心技术、关键基础设施和重要领域信息系统及数据的安全可控；加强网络管理，防范、制止和依法惩治网络攻击、网络入侵、网络窃密、散布违法有害信息等网络违法犯罪行为，维护国家网络空间主权、安全和发展利益。"这标志着我国首次以法律形式提出了数据使用过程中的信息安全与信息保护观念，并在此基础上构建并完善了信息网络治理体系，从而实现网络治理。

2016年11月，第十二届全国人大常委会第二十四次会议通过的《中华人民共和国网络安全法》②第一条规定："为了保障网络安全，维护网络空间主权和国家安全、社会公共利益，保护公民、法人和其他组织的合法权益，促进社会经济社会信息化健康发展，制定本法。"此条明确了数据安全与信息隐私保护是该法的立法宗旨之一。

《中华人民共和国网络安全法》尽管没有使用"数据保护规制"的字样，

---

① 中华人民共和国国家安全法[EB/OL]．（2015-07-01）[2024-07-10]．https://www.gov.cn/xinwen/2015-07/01/content_2888316.htm.
② 中华人民共和国网络安全法[EB/OL]．（2015-07-01）[2024-07-10]．https://www.fjcpc.edu.cn/jg-dzz/2020/0424/c2231a65107/page.htm.

但其所描述的内容可以视为保护我国数据安全与信息安全所作出的规制。在该法中,"网络"并不是特指互联网。同样,网络基础设施也不特指互联网骨干网,而是明确强调要保护的是"公共通信和信息服务、能源、交通、水利、金融、公共服务、电子政务等重要行业和领域,以及其他一旦遭到破坏、丧失功能或者数据泄露,可能严重危害国家安全、国计民生、公共利益的关键信息基础设施"。

《中华人民共和国网络安全法》规定了关键信息基础设施的范围、网络安全保护等级,以及各相关网络主体在互联网等网络平台上的各类行为,网络客体的数据安全、信息安全等也得到了较好的保护。

(二)执法上加强信息安全治理,依法行使行政管辖权

2014年2月,中央网络安全和信息化领导小组成立。此后,《即时通信工具公众信息服务发展管理暂行规定》《互联网新闻信息服务单位约谈工作规定》《非银行支付机构风险专项整治工作实施方案》《互联网信息搜索服务管理规定》《移动互联网应用程序信息服务管理规定》《互联网广告管理暂行办法》《互联网直播服务管理规定》《关于进一步加强管理制止虚假新闻的通知》等一系列规定陆续出台,以规范网络空间的治理。在此基础上,执法部门还依法加强了对网络信息、网络金融、网络服务、网络广告、电信诈骗等网络乱象的治理,切实保护了公民的信息安全、财产安全及其他合法权益。

(三)司法上严厉打击数据犯罪,依法行使信息管辖权

2015年8月出台的《中华人民共和国刑法修正案(九)》[1]突出了对网络犯罪的关注,对相关罪行的定罪量刑标准和有关法律适用问题进行了明确规定。同时,《中华人民共和国刑法》新增了"拒不履行信息网络安全管理义务罪""非法利用信息网络罪""帮助信息网络犯罪活动罪"等罪名,进一步强化了对涉网犯罪案件的打击力度。

---

[1] 中华人民共和国刑法修正案(九)(主席令第三十号)[EB/OL].(2015-08-30)[2024-07-10]. http://www.gov.cn/zhengce/2015-08/30/content_2922323.htm.

最高人民法院、最高人民检察院出台了《关于办理危害计算机信息系统安全刑事案件应用法律若干问题的解释》，两部门联合公安部出台《关于办理刑事案件收集提取和审查判断电子数据若干问题的规定》。相关文件为惩治危害计算机信息系统安全犯罪、有效打击网络犯罪、保障互联网的运行安全与信息安全提供了明确的指引和司法保护。

**三、中国规制体系**

在数字化时代，跨境数据流动已成为全球经济发展和国际竞争的关键领域。中国作为新兴的数据大国，正积极推动跨境数据流动的政策法规建设，完善相关规则体系，以应对日益复杂的国际数据治理环境。

一是作为新兴数据大国，中国不断出台跨境数据流动政策、法规及配套落地规则，跨境数据流动规制体系正在不断完善。《中华人民共和国网络安全法》《中华人民共和国数据安全法》《中华人民共和国个人信息保护法》三部法律构成了我国跨境数据治理的框架。《中华人民共和国数据安全法》作为中国首部数据安全领域的基础性立法，明确提出数据分类分级的具体制度，并深入研究开放共享的具体机制、开放共享中的数据保护等问题。《中华人民共和国个人信息保护法》的正式实施标志着我国数据安全领域立法逐渐趋于完善。《中华人民共和国网络安全法》提出，关键信息基础设施的运营者在中国境内运营中收集和产生的个人信息和重要数据应当在境内存储，并对数据出境作出安全评估要求。又如《个人信息和重要数据出境安全评估办法（征求意见稿）》规定，实施"主管部门或监管部门评估""网络运营者自行评估"的两级评估体系，扩大数据出境的评估范围，加强数据出境安全的风险管理等。2021年11月1日，中国正式申请加入《数字经济伙伴关系协定》(DEPA)，努力探索跨境数字治理框架的优化路径。2022年12月，中共中央、国务院发布《关于构建数据基础制度更好发挥数据要素作用的意见》，提出推动数据跨境流动双边多边协商等内容。

二是中国凭借数量庞大的数据消费主体获得了数字经济中相关规制的话语权。有学者提出,中国近年来对跨境数据流动的规制已经逐步实现了对西方理论框架甚至是实践的双重超越。① 随着电子信息技术的持续升级以及全球贸易的不断深化,作为中国对外贸易过程中新的增长点,跨境电子商务正在逐步替代常规的进出口运营模式,形成独特、崭新的产业形态机制,这对于我国外贸产业链的布局产生了深远的影响。跨境电子商务成为我国跨国企业开发海外市场、塑造国际品牌、打造核心竞争优势的重要手段,改变了外贸企业运行模式,重塑了对外产业贸易链模式。

跨境电子商务的快速发展态势也必然涉及支付机制、物流系统、信用机制的支持以及现有的争端解决系统、通关流程、法律机制、监管手段等方面的辅助。我们可以从以下几方面采取针对性措施来进一步破解发展瓶颈,为我国外贸企业在国际市场上形成竞争优势、取得发展成功提供有效的支持与保障:整合第三方物流资源,在海外建设仓储设备,提高现有海外仓储资源的使用效率;推动第三方支付机构在海外开展跨境支付工作,并协助第三方支付机构提高对电子商务跨境交易活动的监管能力;打造以第三方为主体的信用系统,政府部门积极参与数字国际协商,探索和平、高效的争端解决机制;推动海外监管模式的变革,尝试无纸通关和无纸征税方法;加强市场调查活动,提高对客户的服务质量和效率。②

与此同时,欧美数字强国推行体现其价值理念的数据治理主张,凭借技术优势垄断规则制定权,我国在政策与立法上还未作出有效回应。我国尚未与其他国家和地区的跨境数据建立起互信机制,这限制了我国跨境电子商务、新媒体等数字产业在海外的经营。部分学者立足于上海自贸区的发展成果以及我国电子商务跨境贸易的核心趋势提出:打造多层次的小额跨境网购监管机制,制定系统的管理方法,建设便捷的信息查询体系,完善社

---

① 刘俊敏,郭杨.我国数据跨境流动规制的相关问题研究:以中国(上海)自由贸易试验区临港新片区为例[J].河北法学,2021(7):76-90.
② 孙蕾,王芳.中国跨境电子商务发展现状及对策[J].中国流通经济,2015(3):38-41.

会诚信监督机制,以及大力推动跨国追溯机制的发展等措施。这些措施旨在推动跨境电子商务的发展。①

三是我国政府十分重视数据安全,尤其重视跨境数据流动所带来的安全风险问题。在数据安全监管上,中国采取了较为保守的体系构建路径,将数据本地化存储作为数据向境外传输的主要规制手段。以滴滴出行赴美上市为例,大数据赋能的滴滴出行自2012年9月上线后数年间发展迅猛,先后完成23轮融资,并于2021年6月30日在美国纽约证券交易所上市。2021年7月2日,国家互联网信息办公室发布公告,明确提出:为防范国家数据安全风险,维护国家安全,保障公共利益,依据《中华人民共和国国家安全法》《中华人民共和国网络安全法》,网络安全审查办公室按照《网络安全审查办法》,对滴滴出行实施网络安全审查。《网络安全审查办法》出台以来,滴滴出行成为我国首个公开审查的对象。随后我国网络安全审查办公室又对"货车帮""运满满""BOSS直聘"等拥有庞大用户数据规模的平台进行了安全审查,这充分反映了我国政府对于这一问题的重视。这一系列网络安全审查行动足以证明数据安全保护的重要性以及数据安全监管方式正在发生变革。

滴滴出行这类以数据智能为驱动的移动互联网公司拥有海量、多元的数据,这些数据除了与个人隐私牵涉颇深之外,研究者经过长期观察与分析甚至可以掌握城市的经济、社会发展情况。此类商业模式隐藏诸多数据安全风险,如过度采集个人信息、数据滥用、大数据杀熟等,其本质是对隐私权、数据权、人类自由和社会公平等的侵害,属于数据伦理范畴。② 随着跨境数据流动越发频繁,这些关乎国家发展的底层数据已经涉及国家隐私、数据主权层面。滴滴出行在美上市必须遵守美国《外国公司问责法案》,呈交以审计底稿、用户数据或城市地图为代表的部分数据,之后也不能保证核心数

---

① 上海社会科学院经济研究所课题组.中国跨境电子商务发展及政府监管问题研究:以小额跨境网购为例[J].上海经济研究,2014(9):3-18.
② 李伦.数据伦理与算法伦理[M].北京:科学出版社,2019:71-80.

据没有人为主动泄露、被动泄露的潜在风险。

目前,中美在跨境数据流动的数据安全监管与合作上还未达成统一,各国出于不同利益考量也对跨境数据流动实施了不同程度的限制。从跨境数据流动中获取经济效益是各国的共同诉求,妥善解决安全问题是数据有序流动的重要保障。有学者认为,严格监管跨境数据流动的价值在于保障国家主权安全,提升国家数据的安全水平。[1] 2020 年 6 月,联合国秘书长安东尼奥·古特雷斯发布"数字合作路线图",推动数字技术以平等和安全的方式惠及所有人。古特雷斯强调,路线图的首要目标是"连接、尊重和保护数字时代的人们"。[2]

四是相较于数字贸易和数字经济的高速发展,我国跨境数据治理相对滞后,仍然面临着多方挑战。例如,中国的跨境数据治理规制与区域国际规则兼容度不够,尚未形成统一的跨境数据流动规制和顶层设计方案,导致中国在跨境数据国际规制中的主导权和话语权较弱[3],无法发出更加"有效的声音",存在被发达国家"数字同盟圈"边缘化的风险。中国作为数据大国,应在推进国内规制实践的基础上,确立具有国际前瞻性、适合中国国情、有中国特色的规制路径[4],这也是从实践层面反哺理论研究的一次契机。

在未来跨境数据流动的全球规制上,在多重考量的基础上,各国对跨境数据流动规制中的数据保护与数据流动进行合理平衡,探索完善跨境数据流动规制的多样化路径,在确立差异化规制模式的同时,推进特定领域的数据流动协议与标准的拟定,通过协调与合作构建网络空间命运共同体,推动全球跨境数据流动规制形成新局面。

---

[1] 韩洪灵,陈帅弟,刘杰,等.数据伦理、国家安全与海外上市:基于滴滴的案例研究[J].财会月刊,2021(15):13-23.
[2] 联合国秘书长公布"数字合作路线图"[EB/OL].(2020-06-13)[2022-01-20].https://www.im-silkroad.com/news/p/415790.html.
[3] 陈咏梅,张姣.境数据流动国际规制新发展:困境与前路[J].上海对外经贸大学学报.2017(6):37-52.
[4] 李艳华.全球跨境数据流动的规制路径与中国抉择[J].时代法学,2019(5):106-116.

**本章小结**

本章讨论了欧盟、美国和中国的跨境数据流动规制。

总体而言,作为当前数据流动规制立法较为先进的地区,欧盟和美国在规制理念上存在着明显区别。欧盟在规制设计和法律制定上,明确以保护成员国的个人数据安全为导向,跨境数据流动机制相对中庸。与此同时,基于双方极其紧密的经济关系和制度相近性,欧盟与美国保持着紧密合作,跨境数据的转移量巨大。

与之相比,美国则明显倾向于数据的自由流动,并在规制设计和法律制定上充分发挥行业自律的功效并加以改良引导,从而实现对数据流动规制的最小控制与效率最大化。同时,依靠相对完善的跨境数据流动机制,美国试图通过长臂管辖掌握海外数据,因此,其规制理念明显具有开放性和主动性特征。

相比欧盟和美国,中国的跨境数据流动规制体系确立较晚,以保护本土数据安全为主,相对保守、稳健。同时,我国在移动支付和数据体量等方面优势明显,相关立法逐步完善,跨境数据流动的兼容性规制框架逐渐清晰,"可控的良性流动"不断增强。这反映了我国作为发展中国家和互联网大国的阶段性特征与发展诉求。

# 第六章 跨境数据流动规制的国际竞争、合作与进路

冲突(或竞争)与合作是国际社会经久不衰的主题,同样也是跨境数据流动过程中难以避免的问题。从国际竞合的视角聚焦跨境数据流动,我们看到的是一个充满挑战、不断变化的发展过程。一方面,数据主权的模糊性提升了数据流动规制的困难程度,其中又存在"数据霸权""信息霸权"等固有问题;另一方面,一些制度保障仍不完善,应有的话语体系没能发挥预期作用,数据流动规制步履维艰。

中国作为数字经济大国,需要公正合理的世界数字规制环境。中国作为网络大国,有义务推动全球数字治理体系变革,推动基于人类命运共同体理念下的新型国际关系、全球传播的公平正义和跨境数据流动规制的三角互构关系的构建,实现从"竞合关系"到"命运与共"的规制逻辑转换。

## 第一节 跨境数据流动规制的国际竞争

随着信息技术水平的发展与进步,各国的数字竞争力差距逐渐显现,不同国家的数据收集处理能力参差不齐。发达国家掌握大部分数据资源,而发展中国家由于起步晚、发展慢,在数据领域处于劣势地位,并被逐渐边缘化。发达国家与发展中国家形成了跨境数据流动的"中心—边缘"关系。在

保障和维护自身数字主权的问题上,数字鸿沟使得发展中国家面临很多困难,而发达国家则得以继续掌握数据霸权。这种"虚拟的不平等"对各方跨境数据流动的治理与合作形成严重阻碍。此外,各个国家的国情不同,受到有竞争意识的现实主义权力关系的支配作用,各国在关税、市场准入以及竞争政策等方面的机制也不同,导致了跨境数据流动过程中一些摩擦甚至冲突的产生。

**一、数据主权观念的认知分歧**

在跨境数据流动规制问题上,各国之间存在一定的矛盾和分歧,这与其价值理念有一定关系,但更多源于国家利益博弈,而关于数据主权观念的认知分歧正是其中的主要矛盾。目前,国际领域对此问题主要存在两种认知:一是以美国为代表的"全球公域"观点,二是以俄罗斯、中国为代表的"国家主权"观点。美国与欧盟认可并支持数据的跨境自由流动,以促进数字贸易的发展;中国、俄罗斯等国家对于跨境数据自由流动则持审慎态度,将数据视为重要战略性资源。

在互联网领域,美国具有先发优势,其通过否认他国数据主权巩固自身网络霸权地位,并提出了"多利益相关方模式";而发展中国家则主张"多边主义模式",即以政府为主导,通过联合国等国际组织加强网络空间治理。以中国、美国、欧盟为例,中国对数据的监管是以国家为中心的,明确网络空间主权原则,侧重维护国家安全;美国的数据制度更倾向于"以市场为中心",以企业的自我规制为主,降低企业合规成本,以提升全球竞争力;欧盟的数据法规"以消费者为中心",通过《一般数据保护条例》等法规制约和监管企业,达到保护公民个人隐私和数据权利的目的。

对于跨境数据流动规制的问题,虽然不同国家和地区之间还存在巨大分歧,但跨境数据流动具有天然的"全球性",不同的规制体系间并非不可调和,从历史进程来看,各国已达成一定共识并不断合作。在如何实现国家数据主权保护、跨境数据自由流动、维护社会公共利益三者之间的平衡问题上,《中华人民共和国网络安全法》第一条明确指出,立法的宗旨在于"保障网络安全,维护网络空间主权和国家安全、社会公共利益,保护公民、法人和其他组织的合法权益,促进经济社会信息化健康发展"[①]。欧盟的《一般数据保护条例》和美国倡导的跨境隐私规则体系,都把跨境数据流动中"不得损害社会公共利益"作为一项基本法律原则,如图6-1所示。

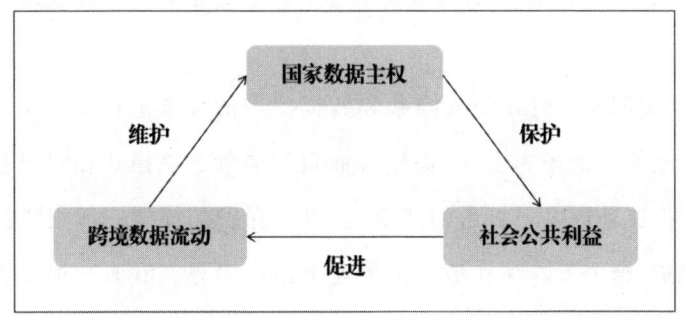

图6-1 国家数据主权、跨境数据流动、社会公共利益三者平衡

### 二、欧美规制模式之间的竞争

欧盟、美国出于各自的经济、政治、历史传统、法律诉求等因素考量,创建了两大跨境数据流动的基本规制模式,形成了国际上有关跨境数据流动规制的基本格局。出于争夺话语权与规制主导权的目的,它们在理论层面的争论与现实世界中的竞争从未停止过。

其一,美国和欧盟在数据主权观念上存在分歧。美国认为,网络空间属于全球公域,是不为任何一个国家所支配的领域,否认数据主权观念。美国极力强调数据流动的全球属性,着力模糊数据自产生即带有的边界特征,并以"网络自由"的旗号反对其他国家对网络空间进行规制。然而,美国又采

---

① 中华人民共和国网络安全法[EB/OL].(2015-07-01)[2024-07-10].https://www.fjcpc.edu.cn/jg-dzz/2020/0424/c2231a65107/page.htm.

取各种措施维护本国的数据主权,谋求建立全球数据霸权。《澄清境外数据的合法使用法》(《云法案》)明确规定了如果美国政府索取,任何在云上存储数据的美企都必须将其境内外数据提交给政府;对于美国境外企业,如被美国法院判定为"与美国有足够联系且受美国管辖",也需遵守上述规定。欧盟虽也鼓励跨境数据流动,但主张有限制的流动并且认可数据的主权属性,由于美国的社交平台公司、云端服务商占领了欧盟的绝大部分云服务市场,因此,《云法案》的出台使欧盟大受刺激,促使欧盟加速推动数据主权维护措施。

其二,美国和欧盟在个人隐私和数据保护的标准上存在冲突。美国的信息隐私政策以市场为主导,提倡行业自我监管。该模式相对灵活、宽松,为跨境数据流动提供了自由的环境,但事后保护的模式一般很难提供及时有效的保护,给个人隐私和数据保护埋下诸多隐患。欧盟则把个人隐私保护视为一项基本人权,将其置于政策与法律的最高优先级,在跨境数据自由流动上持保留态度,建立起严格的隐私保护规则。美国认为,欧盟的跨境数据流动规则过于严苛,给跨国企业增加了额外的贸易成本负担。

其三,美国与欧盟在跨境数据流动国际规则的话语权方面展开激烈竞争。基于互联网领域的技术优势和产业优势,美国在积极主动谋求全球信息经济中的主导权上表现强势。但欧盟在数据保护立法方面的影响力也不容小觑,《一般数据保护条例》及其附属文件为日本、泰国、新加坡等诸多国家在相关领域提供了重要的参考。在跨境数据流动规制的话语权方面,美国与欧盟的竞争直接且激烈,例如,在《跨大西洋贸易与投资伙伴关系协定》(TTIP)中,"如何表达关于数据流动的承诺,同时尊重保护隐私的合法关切"是美欧谈判的关键分歧。

**三、数字经济规则制定的话语权争夺**

跨境数据自由流动既是数字经济背景下金融服务贸易发展的客观要

求,又是各国开放金融服务业务的重要内容。以比特币为代表的数字货币的出现开创了全球货币的数字化时代,给传统的货币概念、理论与运行带来前所未有的颠覆和挑战。数字金融基础设施面临重要改革,国际货币竞争增加了数字化新维度。2019年,随着Libra白皮书的发布,全球央行更加明显地意识到,传统金融体系面临着数字金融的严峻挑战。因此,各国央行积极采取行动,以更加开放的态度发行数字货币。未来,数字货币竞争可能会改变甚至重塑国际货币体系。由此,全球关于央行数字货币的讨论和研究越来越热烈,央行数字货币的竞争已成为各国角力的战略制高点,并升级到规则制定话语权的权力争夺。

新冠疫情的突发,直接推动了美国当局对数字美元的态度转变。为了有效应对疫情,美国政府推出了经济刺激法案。数字美元方兴未艾,在救助效率和精准投放等维度,成为美联储的工具。数字美元的概念最初于2020年3月出现在经济刺激法案的初稿中,虽因客观原因在终稿中被删除,但这也能直接说明美国政府对数字美元的逐步重视。美国中央银行发行数字货币的时间相对别国来说较晚,但美国私人部门在数字货币领域具有独特的优势。若数字美元持续采用公私合作的方式,全球范围内央行数字货币的竞争将越来越激烈。

中国自改革开放以后,经历了本币和外币政策的重大变化。2008年金融危机爆发后,人民币国际化、数字化不但成为保护实体企业的一项短期应对措施,而且成为中国一项重要的国际金融战略。在跨境贸易过程中,采用人民币进行结算活动是推进人民币国际化路线图实施的重要一环。以人民币数字化为代表的跨境数据流动是货币金融领域国际化、全球化发展的大势所趋,但境外人民币流通过程充满了人民币作为外币与当地货币之间的竞争关系,以及数字化过程中遭遇的主流强势货币的影响。在跨境贸易过程中,人们进一步运用人民币进行结算活动还存在一系列亟待解决的问题和多种挑战。制度方面,中国需要不断地改变现有的政策体系,推动金融市场的持续开放与发展,推动银行业服务能力的提升,强化其在全球范围内的资源配置能力,进一步推动跨境外汇市场的完善,创新人民币汇率形成与发展的机制条件。在此过程中,中国还需要积极建设亚洲生产网络,进一步变革贸易体系,强化外贸企业在国际市场中的定价能力。①

## 第二节 跨境数据流动规制的国际合作

当数字主权和虚拟空间内的没有硝烟的战争与现实中的国际关系同等重要时,风险观念和视野下的数据流动之重要性在当今时代也变得无比突出。基于国际合作的理论框架,多层次的、多面向的监控体系,即"多传感驱动的监控系统"对于跨境数据流动的风险防范而言非常重要。②

各国已经普遍认识到互联网和数据流动在政治、科技、经济、文化等诸多方面的重要价值。由于跨境数据流动涉及面极其广泛,又具有"全球互联"属性,各国在以国家本位进行规制的同时,由制度合作来保障国家间尽可能的平等友好来往③,通过国际合作中"规则、法律和跨国组织构成的国际制度"的积极作用④来提升跨境数据流动的治理水平,避免滑向囚徒困境和公地悲剧。

### 一、国家间合作

主权国家是国际关系中最基本也最重要的行为主体。推进如跨境数据

---

① 李婧.从跨境贸易人民币结算看人民币国际化战略[J].世界经济研究,2011(2):13-19.
② POLYCHRONOPOULOS A, AMDITIS A, BEKIARIS E. Information data flow in AWAKE multi-sensor driver monitoring system [C]// IEEE intelligent vehicles symposium. New York: IEEE,2004:902-906.
③ DOYLE M, RECCHIA S. Liberalism in international relations [M]// BADIE B, BERG-SCHLOSSER D, MORLINO L A, International encyclopedia of political science. Los Angeles: Sage Publications,2011:1434-1439.
④ COLÁS A. Neoliberalism, globalisation and international relations[C]. London: Pluto Press, 2005:70-80.

流动规制合作在内的全球治理发展,主权国家之间的合作最为重要。每一个主权国家应该批判性地继承自威斯特伐利亚体系以来的世界历史遗产,抓住当今时代所呈现出的诸多机遇,顺应时代发展趋势,推动国际秩序向着公平、公正、高效的方向迈进,更好地维护各自的国家利益和共同利益。特别是数据流动领域的结构性规制非常复杂,这需要国家意志的介入,并在关键领域(如数据经贸、数据金融、数据基础设施以及数据人文等)加强主权国家对数据主权的把握,实现"主权国家—数据主权"的有效联通。

例如,美国与欧盟分别主导的两大跨境数据流动规则体系虽然在观念、标准、方式等方面存在较大分歧,但出于经贸往来、数据传输等需求,美欧双方在长期的互动中也达成了一些妥协与融合。欧盟的约束性企业规则与亚太经济合作组织(APEC)设立的跨境隐私规则是当下跨境数据流动的两大规则体系。欧盟的约束性企业规则以《95指令》第26条为法律基础,对亚太经济合作组织经济体的信息跨境传输活动进行规范。自2012年起,欧盟与亚太经济合作组织就组成了联合工作组,希望为欧洲与亚太区域间跨境数据流动提供便利。这项工作虽进展缓慢,但作为美欧两种规制方式进行局部融合的首次尝试,具有重要意义。美国和欧盟也可以将信息治理转向作为一个机会,在推进共同的基本价值观方面进行合作。

又如,中国在快速推进"一带一路"倡议发展背景下,电子商务的跨境发展,就必须有与之相配套的物流产业的支撑。要建立高效、顺畅的跨境电商物流体系,则离不开与"一带一路"沿线国家和地区的协作发展。目前,中国与"一带一路"沿线国家和地区在跨境电商物流协作过程中仍面临着诸多问题,比如物流费用居高不下、运输时间较长、通关效率低下、物流通道基础设施建设严重不足等。基于此,中国政府需要与相关国家加强合作,加快跨境电商物流体系在相关国家的仓库建设,进一步优化通关环境,打造跨境电商物流数据信息的综合管理平台,探索高质量、高效率的跨境电商物流,最终为"一带一路"倡议的全面发展提供有力保障。[①]

## 二、国际组织合作

在跨境数据流动规制的国际合作进程中,国际组织及各类非政府组织因其平台的国际性和灵活性,在进行相关国际治理议题的讨论中可以起到一定的示范作用。特别是在一些关键性议题上,国际组织可以通过为各个国际关系行为体搭建沟通与协作平台的形式,借力实现牵头议题设置与促进共识达成,如帮助各个主权国家和一些大型数字平台实现跨境数据流动规制的国际合作等。正如2016年9月习近平主席在二十国集团领导人杭州峰会上强调的,要"构建创新、活力、联动、包容的世界经济"。面对当前挑战,我们应该加强宏观经济政策协调,合力促进全球经济增长、维护金融稳定;创新发展方式,挖掘增长动能;完善全球经济治理,夯实机制保障;建设开放型世界经济,继续推动贸易和投资自由化便利化;落实2030年可持续发展议程,促进包容性发展。

因此,国际组织更应该成为各主权国家和大型数字平台的中枢机构,协调组织各方力量通过各自行动和集体合力,直面当下数据流动、共享、共有的规制与治理问题。与此同时,一些国际组织和非政府组织也能为数字经济的发展开出一剂良方,让区域性乃至全球性跨境数据流动走上强劲的、可持续的、平衡与包容的增长之路。

例如,东盟于2012年发起、中国等十余个亚太地区国家参与了《区域全面经济伙伴关系协定》(RCEP),这使东盟成为目前世界上覆盖人口最多、经贸往来体量最大的自由贸易区。而 RCEP 在跨境数据流动规制方面的探索,体现了多元共治的良好示范。一是 RCEP 是由发展中国家主导、发达国家共同参与的区域性多边协定,有助于保证相关国家的平等话语权;二是

---

[①] 刘小军,张滨.我国与"一带一路"沿线国家跨境电商物流的协作发展[J].中国流通经济,2016(5):115-120.

RCEP 兼顾了发展中国家对数据安全和产业发展的利益诉求,以及发达国家对国际数字贸易的利益诉求,在一定程度上促进了跨境数据的自由有序流动;三是 RCEP 的跨境数据流动争端解决机制是在充分认可缔约国家数据主权和监管权力的基础上建立的,有效保障了相关国家的独立自主,并促进了国家间健康的协商共治。[①]

与此同时,国际组织还应加强对全球经济领域数据流动的管理协调,强化机制保障的现实基础,推动跨境数据流动治理结构的持续完善,打造全球性数据流动安全网络,强化金融数据监管、国际税收、国际反腐等领域的合作,进而不断提高国际组织对跨境数据流动规制的有效性与协同性,并助力提高世界经济的抗风险能力。另外,各国可以充分利用自由贸易协定中的"数据和隐私保护例外""审慎例外"等保障机制,加强数据保护规则的国际协调与合作,实现国内政策目标,达到跨境数据流动规制的最优效果。同时,"例外"的使用也要设置相应的限度,国际组织要通过列举、分类等方式增强其确定性与适应性,避免因为其固有缺陷使规制陷入"例外的迷宫"。

### 三、国际合作平台

本书选取了几个国际社会中典型性合作平台针对跨境数据流动规制的设计展开分析,如经济合作与发展组织(OECD)、《全面与进步跨太平洋伙伴关系协定》(CPTTP)、《美墨加三国协议》(USMCA)和世界贸易组织(WTO)等,希冀为中国在全球跨境数据流动规制方面的政策制定和中国方案的提出提供参考。

#### (一)经济合作与发展组织

经济合作与发展组织在 1985 年 4 月曾发布《跨境数据流动宣言》,呼吁各国采取更为开放的态度来实现数据在跨境领域的自由流动:提高对数据、

---

[①] 冯洁菡,周濛.跨境数据流动规制:核心议题、国际方案及中国因应[J].深圳大学学报(人文社会科学版),2021(4):88-97.

信息和相关基础设施设备的接入能力,防止没有正当、合法理由的阻碍行为,并在相关法规和政策上保持数据使用的透明度,同时充分考虑数据隐私问题。但这一倡议在发布后的数年内迟迟没有获得实质性进展。其原因主要在于,一方面,美苏争霸当时正在继续,任何新的涉及数据权力限制的政策或规制手段都面临多重阻碍;另一方面,美英等国形成的新自由主义主流意识形态政治思潮又占据了上风,对于数据流动的规制很难成为当时的主流。然而,OECD在探索中遇到的难题,也为日后形成跨境数据流动规制及谈判框架奠定了基础。①

(二)《全面与进步跨太平洋伙伴关系协定》

《全面与进步跨太平洋伙伴关系协定》(CPTTP)基本保留了美国所主导的TTP框架及其内容,协定成员国在对外自由贸易协定(FTA)谈判中基本上都沿用了CPTTP中关于数据流动的规定,如新加坡—澳大利亚自由贸易协定等。各成员国允许企业或其他商业组织出于商业行为目的以电子形式跨境传输信息。同时,该协定明确禁止成员国强制要求企业或其他商业组织使用本地计算设施或将相关设施设置在本地。这一规定旨在促进区域内数字贸易的自由化。一言以蔽之,CPTTP就数据流动的规制取得了一定的突破,即允许各成员国一般性地进行跨境数据流动业务,同时禁止各成员国增加本地存储的要求。可以说,跨境数据流动的国际规制正逐步迈向自由化。当然,对于各个主权国家来说,这一规定的执行情况各有差异,例外情况时有发生。

(三)《美墨加三国协议》

美国凭借其在互联网和数据信息技术等方面的科技优势,成为跨境数据自由流动的主要推动者。尤其是进入21世纪以来,美国一直希望在国际性的数据流动谈判中扮演主导者的角色,并实现其跨境数据自由流动的

---

① 王中美.跨境数据流动的全球治理框架:分歧与妥协[J].国际经贸探索,2021(4):98-102.

国际诉求。美国最早与韩国签订的FTA协定，就已经包括了尽可能不限制跨境数据流动的内容。在近些年与新加坡、智利等国的相关谈判过程中，美国也依靠其实力对谈判对象进行施压，要求不得对数字贸易进行新的限制，也不得对本地存储加上新的必然性要求。

2020年生效的《美墨加三国协议》被认为是对1994年生效的《北美自由贸易协定》(NAFTA)的升级版，是聚焦贸易利益和国家利益的区域化发展倾向的合作模式，而非全球化发展倾向的合作模式。该协议围绕跨境数据流动和数字贸易的自由化等方面添加了新章节，使美国的互联网公司从中获益。协议内容包括保护数字贸易供应商、禁止将关税和其他歧视性措施应用于相关数字产品、最大限度地减少跨境数据存储和处理的限制、保护消费者隐私权、限制政府披露源代码和算法的要求、加强网络安全方面的合作等。

由此可见，该协议对于跨境数据流动的规制相当详尽，除了电子签名和合同等传统的电子商务项目外，还囊括了许多新的跨境交易内容，触角延伸至消费者的隐私保护、数据存储、源代码、安全风险评估等各个维度和技术环节。其核心要义在于进一步强化了美国在全球跨境数据流动方面的自由流动理念，而这一理念也将成为美国在与其他国家或在国际组织中就相关问题进行谈判时秉持的重要逻辑。

(四)世界贸易组织

世界贸易组织成立时间较早，面对日益高涨的数字经济和新一代信息技术的快速发展态势，WTO框架下尚无关于电子商务的实质性协定，也没有规制跨境数据流动的专门条款，只有少部分与跨境数据流动相关的规定。例如，《信息技术产品协议》《全球电子商务宣言》及一系列电子传输零关税延期宣言、《服务贸易总协定》第8条对垄断和专营服务者的相关规定、《服务贸易总协定》的《电信附件》等。这些规则可以为跨境数据流动的规制提供一个基本的法律框架，但就总体而言，这些规则都不是规制跨境数据流动的直接规定。①

作为全球多边贸易机制的重要组成部分,世界贸易组织为解决现有规则滞后的问题,于2019年1月启动了电子商务规则的谈判进程。包括美国、欧盟、中国、俄罗斯、日本在内的76个成员国签署了《关于电子商务的联合声明》,同意在WTO现有协定框架基础上开展多边谈判。尽管各成员国在电子签名认证、无纸化贸易等领域已达成一定共识,但在电子商务关税、互联网税收、数据开放和隐私保护等关键问题上仍存在显著分歧。例如,在关税政策上,欧盟、美国、日本等发达经济体主张跨境数据自由流动,反对数据本地化,并提出永久免征电子商务关税。而以中国为代表的发展中国家则支持跨境数据的本地化存储,并希望在相关议题上开展"进一步的解释性讨论"。

可以说,在WTO框架下,成员国在数字经济和信息技术方面的发展仍然是不平衡的,数据鸿沟与跨境数据无序流动显然是横亘在WTO成员国之间、阻碍各国通过WTO平台达成规制共识的客观难题。

## 第三节　规制进路：
## 网络空间命运共同体理念下的平衡与发展

在数字平台驱动的信息社会中,网络空间的交流与互动已成为当今时代的核心议题。与此同时,"互联网+"作为一种全球共享的发展理念和发展话语,已成为各国前所未有的最大共识。世界各国正逐步形成一个更加紧密、复杂的命运共同体,这种关系突出表现为你中有我、我中有你的深度融合态势。

---

① 张帆.WTO框架下跨境数据流动规制问题研究[D].重庆:西南政法大学.2018:26.

## 一、建构网络空间命运共同体的必要性

人类社会中的物质、文化、价值等信息在网络空间中得以融会贯通,各行为体在网络空间命运共同体中休戚与共。中国以网络空间命运共同体时代的合作共赢新型国际关系为内生性驱动力,积极搭建网络空间治理平台。[1] 从最初的互联互通、共享共治,到现在的数字文明,各国对信息技术、互联网、全球网络空间、数字技术的实践与认识、沟通与合作,持续不断地深化跨境数据流动领域内国际信息社会的相互尊重、相互信任。

### (一)网络空间命运共同体是网络化时代的必然走向

互联网作为建立在全球统一的基本协议即传输控制协议/因特网互联协议(TCP/IP 协议)之上的国际互联网络,其开放共享的特征打破了时空的限制,突破了地区、种族、社会等有形与无形的"疆界",实现了你中有我、我中有你的深度融合态势。网络空间面临多种问题与威胁,网络监听、网络攻击、网络极端主义和恐怖主义时常发生,并成为全球数据流动和传播的"公害",网络空间的治理需要与时俱进、因时而变,"小智治事,大智治制"[2],构建网络空间命运共同体也是全球化语境下网络空间发展的必然方向。

### (二)网络空间命运共同体是人类命运共同体的延伸

人类的发展史其实就是共同体的发展史,网络空间作为信息革命的产物,是人类命运共同体理念在网络空间的延伸。网络空间命运共同体搭建了包容开放、共建共享、实践创新的全球网络共享平台,是中国推进网络世界互联互通、共享共治、和平与可持续发展的先进理念,旨在构建和平、安全、开放、合作的网络空间,建立多边、民主、透明的国际互联网治理体系,为倡导尊重国家网络主权自由平等、维护广大发展中国家共享互联网发展成

---

[1] 岳爱武,张尹.习近平网络强国战略的四重维度论析[J].马克思主义研究,2018(1):55-65.
[2] 习近平.论坚持推动构建人类命运共同体[M].北京:中央文献出版社,2018:371.

果、推进国际互联网治理体系公平正义等奠定基础。①

**（三）网络空间命运共同体是规范国际网络空间关系的重要准则**

安全有序发展是全球互联网治理的基本准则和目标,网络空间命运共同体理念反映了互联网时代诸多国家的价值取向,并有望成为国际网络空间的重要国际法准则。② 通过将国际社会成员在网络空间的利益和责任综合到一起,网络空间命运共同体凝聚了世界各国人民营造互惠、互利、共赢的互联网空间的共识。各国应共同担负维护国际互联网和平稳定发展的责任③,以积极的姿态参与全球治理体系,为全球互联网发展贡献力量。

## 二、网络空间命运共同体理念下的跨境数据流动规制构建路径

基于网络空间命运共同体理念,构建跨境数据流动规制体系,是一个兼具复杂性、前瞻性和创新性的命题。跨境数据流动过程涉及多元主体,各国面临全球性、跨领域、多层次等规制困境,流程复杂,单一的规制手段无法平衡多维目标。网络空间命运共同体理念高度契合当前跨境数据流动治理中多元主体协同发展的现实。在个人数据收集、使用和个人隐私保护产生矛盾时,应继续鼓励世界各国政府、企业、国际组织以及各类非政府组织等多元主体建立更加多向、更加高效的信息交换与共享体系,加强政府规制与企业(行业组织)自我规制的融合,通过"国内制度—区域规则—国际共识"的路径形成多边合作的共治机制,实现全球数据治理。

**（一）跨境数据流动国际规制的构建原则**

规范是在原则基础之上的。④ 跨境数据流动具有发展变化快、领域跨度

---

① 刘先春,王秀.习近平关于网络空间治理重要论述的三大特征[J].广西社会科学,2020(3):12-18.
② 王春晖.互联网治理四项原则基于国际法理应成全球准则:"领网权"是国家主权在网络空间的继承与延伸[J].南京邮电大学学报(自然科学版),2016(1):8-15.
③ 杨凯,张辰.网络空间命运共同体的学理意义和建设思想[J].江西社会科学,2018(5):210-217.
④ KRASNER S D.International regimes[M].Ithaca:Cornell University Press,1983:2.

大、参与主体多等显著特点,跨境数据流动规制必须在制定者综合考量不同主体的利益属性、实际诉求等的基础上与时俱进,各国才能行之有效地应对挑战、把握机遇。为了应对急剧变化、情况复杂的全球跨境数据流动问题,要想构建起行之有效的规制体系,首先要考虑的就是结合跨境数据流动的定义、属性、特征以及规制类型等拟定需要遵循的基本原则。

一是以"尊重数据主权"为基础的原则。全球互联网信息由来自全球各个国家的个人、商业组织、公共机构、政府单位的互联网信息汇集而成,既是现代国家内个人、组织行为在网络空间中的延伸,又牵涉个人、组织、政府、国家的利益与安全,因此,全球范围内每个国家均应拥有独立的数据主权。数据安全相关的法律制定与政策出台、政府管理与行政执法、司法管辖与争议解决、全球治理与国际合作等,都是数据主权的行使方式。

有数据显示,中国与欧美国家的数字贸易亲密度较低,与日本、韩国等亚洲国家的数字贸易亲密度较高。[①] 具体而言,中国、日本和韩国近年来都采取了涉及跨境数据传输的立法措施,这三个国家都以获得信息主体的同意作为允许向外国第三方提供信息的先决条件。[②] 其中,韩国要求明确告知信息主体拒绝同意的权利以及拒绝后可能对信息主体造成的不利影响;日本则要求向信息主体告知对象国有关个人信息保护的法律制度、信息接收方拟采取的保护措施以及其他相关情况,以便信息主体决定是否同意。虽然中国、日本和韩国的跨境数据流动规则存在差异,但原则上,它们都有获得信息主体同意的重要前提,并且都授权通过国际立法合作促进跨境数据传输,这为三国之间建立合作机制提供了法律可能性。[③] 这体现了国家间在跨境数据流动的规则制定中,尊重了以"数据主权"为基础的原则。

由此可见,进行跨境数据流动规制首先应肯定和尊重各个国家的数据主权,并在平等的前提下从法律层面厘清并保证各个国家在相关方面的权

---

[①] 陆菁,傅诺.全球数字贸易崛起:发展格局与影响因素分析[J].社会科学战线,2018(11):57-66.
[②③] 牛哲莉.个人数据跨境流动:中日韩合作规制进路探析[J].山东科技大学学报(社会科学版),2021(4):55-63.

利和义务,从而最大限度激发各国参与跨境数据流动规制的积极性与主动性,提高跨境数据流动的效率和质量。

二是以实现"安全有序"为导向的原则。规制的设定与执行均具有明确的问题导向性,即以解决特定领域问题、规范特定领域秩序、推动特定领域健康发展为基本出发点。跨境数据流动规制应遵循以实现信息流动"安全有序"为导向的原则:一方面要重点解决当前全球数据流动过程中所凸显出的计算机病毒泛滥、黑客攻击、网络犯罪、网络恐怖主义、网络信息战、霸权主义、军事威胁、文化殖民之类的问题,以提升跨境数据流动的安全水平;另一方面要解决利益相关方标准之争、价值之争、主权之争、技术权限之争、立法与执法之争等问题,以实现跨境数据流动的有序发展。这是当前跨境数据流动规制所面临的两项主要问题,也是跨境数据流动规制的基本出发点。

目前,大量提供跨境服务或拥有外资背景的网络平台企业,其数据安全问题不容小觑。这些企业掌握了大量深度数据资源,一旦被恶意利用,或将影响经济社会运行。重要数据的跨境自由流动,具有巨大的国家安全隐患。美国在通过立法对海外数据实施长臂管辖方面有着悠久的历史。例如,《外国公司问责法案》要求美国上市公司公布审计草案,并提交涵盖业务、技术、供应商、客户和其他要素的"要约"文件。数据的提交可能直接涉及敏感数据。① 随着数字网络的媒介形态不断更新,跨境数据流动成为一种常态化趋向,数据安全保护需求关乎国家社会秩序和价值规范,应引起足够重视。

三是以采用"互动沟通"为手段的原则。在承认各国数据主权的前提下,尊重各个利益相关方的发言权、主体利益、主体情境,在互动、沟通的基础上形成能够为各利益方所共同认可、接受与执行的管理规制。

近年来,APEC 的一些经济体在促进国际贸易单一窗口体系的国际互操作性方面取得了良好进展。例如,泰国将电子配对系统纳入其"国家单一窗口";新加坡已建立数字化平台。全球贸易平台 Tradetrust 利用区块链技术

---

① 王晶晶.大数据安全保障体系建设刻不容缓[N].中国经济时报,2021-07-28(1).

将国际贸易数字化,为参与者提供贸易文件的真实性和来源证书。自新冠疫情暴发以来,物流和人员往来受到阻碍,这在客观上使跨境数据流动的重要性显著增强。在这种情况下,数字技术的应用在一定程度上减少了物理隔离的负面影响,缓解了疫情对联动的影响,使数字技术在促进亚太区域互联互通中的作用更加突出,也推动了亚太区域数字互联互通向更深层次的发展。①

四是以推动"共同繁荣"为目标的原则。当前,跨境数据流动规制不应仅仅停留在解决问题、维持现状的层面上,而应着眼于数据流动和数据安全的和谐、稳定、繁荣与发展,并将此作为跨境数据流动规制的终极目标。完善全球数据和谐有序流动的规则与制度,不仅能够提升全球数据的互联互通能力,还能为数据应用技术的发展、数据创新的实践以及脱敏数据的社会责任履行提供良好的环境。同时,这有助于避免数据领域的军事化威胁和军备竞赛,消解因数据流动不平衡引发的文化殖民主义和传播霸权主义等问题。

中国拥有发展潜力最大的全球互联网市场,数字经济领域的发展对跨境数据流动的国际合作要求日益提升。APEC对互联网、数字经济等问题的关注度逐年提升,相关讨论不断深化。2014年,APEC北京会议批准"APEC促进互助",并要求成员国的部长和官员就此问题提出行动建议,以促进成员国在互联网经济发展方面的合作,推动互联网经济的发展,促进技术和政策的交流,弥合数字鸿沟。2017年,APEC越南岘港会议通过的《APEC互联网和数字经济路线图》《APEC跨境电子商务便利化框架》,成为APEC在数字经济领域的重要合作成果,表明各方希望加强数字经济合作,促进创新和包容性增长,让更多人分享数字红利。② 2023年,APEC美国旧金山会议的主题是"为所有人创建强韧和可持续未来",会议提出为所有人打造包容性的数字经济,鼓励各经济体加快落实《APEC互联网和数字经济路线图》,

---

①② 耿楠.亚太区域数字互联互通的机遇、挑战与对策[J].海外投资与出口信贷,2021(4):12-15.

包括数据隐私、云计算、电信网络、促进交互操作性、信息和通信技术安全、数字贸易、电子商务、新兴技术以及促进创新、应用赋能技术和服务等领域。为充分释放数字技术潜力,公平分享数字技术红利,降低风险,将探索制定协同一致的应对政策,促进数字技术领域国际合作,欢迎就数字技术治理开展国际讨论。承诺通过弥合数字鸿沟,强化数字基础设施,确保没有人掉队。将加快数字化转型,合作促进数据流动,加强企业和消费者对数字交易的信任。①

事实上,只有促进全球数据安全发展的普惠性,提升全球各个国家对于数据流动的参与度,才能从根本上激发其参与跨境数据流动规制的积极性与主动性,在此基础上进一步提升对于各类不安全因素的解决能力以及促进全球数据自由有序流动的新格局的形成,并最终呈现出良性循环的发展状态。除此之外,加大对发展中国家数据治理能力建设上的资金和技术援助,帮助它们抓住大数据机遇、积极融入全球数据安全大局、跨越数字鸿沟等,成为推动跨境数据流动"共同繁荣"原则的题中应有之义。

(二)跨境数据流动国际规制的构建路径

1."公地喜剧":强化国际合作理念

诚然,国际组织依然是促进国际公共品供给合作的重要机制,而国际组织合作的前提则是各国普遍认同跨境数据流动是一场"公地喜剧"(卡罗尔·罗斯提出)。所谓"公地喜剧",是衍生自"公地悲剧"的一个概念。"公地悲剧"最初由加勒特·哈丁提出,即由于人们过度使用公共资源,从而造成资源的枯竭,即"公共资源的悲剧"。"公地喜剧"则指公共资源越集聚,参与者获得的利益越大的现象。技术的发展与普及使得跨境数据流动作为全

---

① 打造包容数字经济、弥合数字鸿沟,9个要点详解2023APEC领导人旧金山宣言[EB/OL].(2023-11-19)[2025-02-22].https://mp.weixin.qq.com/s/T6bUnQpvDxLnVYw7Sw9yag.

球"公地喜剧"现象的重要性凸显。① 伴随着网络规模的扩大、用户的普及以及硬件技术的快速发展,"公地喜剧"作为一种合作效应,成为推动各国协同合作建设治理体系的原动力。

此外,随着数据国际化程度的加深,跨境数据流动的重要主体——数字平台的地位越来越重要。"避风港原则"被滥用,也是值得关注的一个重要现象。简单地说,它就是"通知+删除"规则。具体而言,它是指网络服务提供者在接收到权利人有效的证明侵权的通知后,采取删除、屏蔽、断开链接等必要措施并及时消除侵权后果,便不承担法律责任。那么,由此带来的则是数据使用的边际成本无限趋于零,以社交网站、搜索引擎、视频网站为主的开放商业平台的地位更加凸显,成为跨境数据流通与交换的中心。上述国际商业平台往往借由其超大的体量和巨量的用户群体,开展以在线数据存储为特色的云计算业务,这更加使得跨国商业平台占有更多数据,数据垄断风险从而呈现出来。就此现象,各国可以就跨境平台本身直接予以规制,即建设以平台为规制对象的规制体系,最大限度减少规制所耗费的人力、物力与时间。例如,2000年12月美国商务部与欧洲联盟建立的"安全港协议"。该协议是2000年12月美国商务部与欧盟建立的协议,主要用于调整美国企业出口以及处理欧洲公民的个人数据(如名字和住址),这不同于美国跟欧洲之间的传统商业行为,是响应欧洲意图所建立的折中政策。又如,2023年8月25日,欧盟具有开创性的数字监管法规《数字服务法》(DSA)正式生效,旨在确保用户的在线安全,阻止非法或违反平台服务条款等有害内容的传播,并保护隐私和言论自由等基本权利。② 2024年3月7日,欧盟《数字市场法》(DMA)正式生效,作为针对科技巨头颁布的反垄断举措之一,欧盟期望通过该法明确数字服务提供者的责任,遏制大型网络平台的恶性竞

---

① 陈少威,贾开.跨境数据流动的全球治理:历史变迁、制度困境与变革路径[J].经济社会体制比较,2020(2):120-128.
② 欧盟《数字服务法》正式生效,社交媒体平台忙着改算法推荐[EB/OL].(2023-08-25)[2025-02-22].https://www.thepaper.cn/newsDetail_forward_24351884.

争行为。该组合立法以事前义务替代传统"通知—删除"被动模式,显著降低跨境数据滥用风险。①

针对跨境数据流动的国际形势,各国应当通过多边合作参与国际数据主权治理标准体系建设,与相关国家和地区达成数据主权治理协议,从而融入国际数据主权治理体系,提升各自数据主权安全保障的国际话语权和影响力。一方面,积极参与国际组织关于数据主权治理的标准协商和拟定,促进本国数据处理、存储、传输、开放等过程符合国际组织通行规定,从而与组织内各国开展数字经济合作,达成数据流通的统一协定,推进区域数据流通和主权保障;另一方面,根据自身发展需求,推动搭建多方合作框架。各国应重视与发达经济体及新兴经济体之间的全方位、多层次的合作,通过对话与协商达成利益均衡的双边合作,同时应积极与贸易相关国家达成尊重主权基础上的数据流通战略合作,在保障数据主权的同时发挥数据的产业经济价值。

2.提倡多边国际合作

有学者提出,应对当前网络空间的风险与挑战,国际社会要凝聚共识,加强对话合作,构建有效行为规范,创新合作机制,并在网络空间透明度建设等问题上寻求新的突破。②

后疫情时代,各国越来越重视数据的跨境流动。2020年3月,澳大利亚在《合法使用境外数据明确法》的基础上,修订了《电信(拦截和接入)法案》,准许协议国在出于执法目的时可以相互跨境访问通信数据。同月,澳大利亚信息专员办公室(OAIC)同新加坡个人数据保护委员会(PDPC)签订关于跨境数据流动的谅解备忘录,其目的在于加强数据治理方面的合作,促进双

---

① 年度大考:守门人企业2024年度欧盟《数字市场法》合规报告分析[EB/OL].(2025-03-12)[2025-03-22].https://www.secrss.com/articles/76582#:~:text=2024%E5%B9%B43%E6%9C%887,%E7%9A%84%E6%81%B5%E6%80%A7%E7%AB9E%E4%BA%89%E8%A1%8C%E4%B8%BA%E3%80%82.

② 刘杨钺.网络空间国际安全互动的发展态势与治理[J].教学与研究,2018(1):88-96.

方的经济一体化。

2020年6月,英国宣布脱欧后,实施未来科技贸易战略。该战略允许英国和某些亚太国家之间开展跨境数据的自由流动,并试图在新阶段与日本等国达成更进一步的数据协议。此外,欧盟最高人民法院出于对欧盟公民数据隐私安全的考虑,于2020年7月宣布废除"隐私盾"框架。

随着社会的发展,新型数据管理形式如数据合作社、数据共地、数据信托和数据市场[①]等将会出现。许多占据主导地位的大型数字公司愿意改进数据共享和使用方式,主要是在与健康、环境、农业等领域提供数据共享以促进公众利益,使数据为人类和地球服务。有的公司通过设立数据官来保证公司负责任地使用用户数据。在实践中,企业、非政府组织、个人可以围绕数据协作开展交流合作,不断探索和完善数据利用和交易中的归属权、使用权、收益权以及数据要素的开放、定价、交易和流通的规律和机制,来促进新型数据治理模式的成熟。

### 3.合理倡导"强者供给"与"领导国"的出现

通过考察相关博弈案例,"强者供给"与"领导国"是解决跨境数据流动规制困境的关键因素。强者在跨境数据流动规制中起着至关重要的作用,因此,在吸纳弱国进入框架机制之时,相关国家必须考虑其效益因素,要对个别弱国"搭便车"的动机格外警惕。此外,对于某些霸权主义的国家,也要警惕其凭借优势地位从"强者"转换为"霸者"。这两种形式是对跨境数据流动规制的重要补充。目前,领导国大多由欧美发达国家扮演,但随着金砖国家等发展中国家的崛起,跨境数据流动规制格局正在发生变化。

2018年6月,上海合作组织提出了《上海合作组织成员国关于贸易便利化的联合声明》,这是上海合作组织在经济领域发表的首个成果。该声明提

---

① VERHULST S G, YOUNG A, WINOWATAN, et al. Leveraging private data for public good: a descriptive analysis and typology of existing practice[EB/OL].[2023-02-02]. https://datacollaboratives.org/static/files/existing-practices-report.pdf.

出简化贸易程序、加强数据治理等重要议题。由此可见,在区域数据命运共同体的建设中,相关国家可以借鉴美国、欧盟、亚太经济合作组织的成功经验,发挥区位优势,依靠"一带一路"倡议,在全球范围内逐渐建立区域数据命运共同体,为跨境数据规制设立提供保障。一些组织还建立了专门用于保护数据的机构,如欧盟在《一般数据保护条例》中规定设立欧洲信息保护委员会,以此来保护成员国的信息安全,促进各成员国间数据保护政策的统一性,以期拟定出合理、实际的数据规制标准。此外,美国政府推行的"问责制"也是一个值得借鉴的范式,"问责制"在允许跨境数据流动的前提下明确规定数据控制者要确保个人数据的安全。在体系内外设立不同标准也是降低数据管理规制成本的一个重要举措。

### 4.优化国际组织,适当控制参与国数量

数量众多的国际组织,如联合国、世界银行、国际货币基金组织等在促进地区稳定与团结、互通供需方面发挥着重要作用,在跨境数据流动的保障方面也具有积极意义。众多国家和组织通过协调合作,可以发挥单个国家或少数国家无法比拟的作用。在对跨境数据流动进行规制时,可善于利用多边合作协议的形式,并注意以下几个方面:一是保证资金来源的充足和稳定;二是明确规定国际组织和签署协议方的法律地位,采用具有强制力的国际硬法的形式来约束参与国的行为,参与国一定要以高度的执行力与契约精神遵守组织内部形成的规则并落实相关规则;三是在跨境数据流动规制合作与制定过程中,适当控制参与国的数量,以便快速达成国际合作共识,减少和避免讨价还价与谈判无效的可能性;四是优化国际组织的结构体系,推进各参与国之间的利益一致性,缩小各参与国在经济、科技等综合国力方面的差距,凝聚共同目标,促进国际合作。

### 三、网络空间命运共同体理念下的中国跨境数据流动规制对策

人类命运共同体理念为未来跨境数据流动的规制提供了大的方向性指

引,在现实层面共同体与全球传播的双重制约和构建问题又促使跨境数据流动加快自身变革乃至"数字革命"的步伐。面对"数据所有权、隐私保护、产业竞争、国家安全"等难题,如何构建兼具"跨国性、国家性和公共性"的跨境数据流动规制?综合考虑个人、产业、国家等多重利益诉求,其对策可主要分为以下方向。

(一)强化数据资源掌控力,出台系统的跨境数据流动规制政策

面对交叉叠合的个人数据与敏感数据,传统的规制政策无法适应发展需要,科学化和标准化的衡量尺度难以把握。对于个人数据出境后可能遭遇的数据泄露、数据滥用等风险,可以实行以市场机制为主、以企业自律和政府监管为辅的风险制定监管规则;充分吸收国外数据分类的经验,依照重要行业和信息主题的分类标准,合理规定重要数据的定义、范围与标准,减少其对经济和技术发展的阻碍[1];重点监测和管理数据出入境,对重要数据出境的安全风险进行分级后实施动态化的梯度监管,减少国家安全与技术利用之间的冲突。

创新数据要素市场监管方式,强化跨境数据流动的互操作性和数据的可携带性,降低执行风险,营造良好的跨境数据流动合规环境。[2] 拓展良性的政企合作关系,与大型跨境企业共同推动行业跨境数据流动标准的出台,将行业标准打造为国际性或区域性的 ISO 标准体系,实现区域化和全球化数据发展的协同共治。

(二)打造数据安全治理体系,掌握跨境数据流动话语权

数据传输至境外以后的各种不可控风险带来了不少的国家安全威胁。因此,在尽量平衡数字经济发展利益和安全利益的基础上,我们应提升数据安全治理能力,建立数据跨境认定机制,形成统一的跨境数据流动安全治理体系。要选择跨境运营实体,实现政府、科技界、企业多元共治,在制度和技

---

[1] 王玥.试论网络数据本地化立法的正当性[J].西安交通大学学报(社会科学版),2016(1):54-61.
[2] 程海烨.跨境数据流动的全球治理:进展、趋势与中国路径[J].国际展望,2020(6):65-88.

术之间形成良性互动的长效机制,推进形成全球数据安全高地,在跨境数据流动谈判与合作中牢牢掌握话语权和主动权。

加强数据泄露威胁情报共享与溯源能力,建立数据安全事件快速响应机制,打造龙头企业、安全机构与政府机构之间的生态协同系统。在具体的实践中,美国出台的"关键技术清单""干净5G网络"等政策致使阿里云、华为退出美国市场,TikTok、腾讯陷入涉及国家安全的困境。

技术非中立,其中包含设计、开发、应用、推广诸多环节内渗的价值和意识形态,特别是在一个国际化和全球化时代,许多技术的包装和内在并非一致,恶意网络行为者和所谓的价值中立"数字行动者"制造的数据泄露事件会严重威胁国家的安全与发展,我们可借助外交、信息、军事、经济、金融、情报和执法等方式对其进行威慑与反制。要持续完善技术支撑体系,加强人工智能、大数据、区块链等技术在网络治理中的应用,探索技术要素特点及运行机理[①],助力中国在"数字地缘政治"竞争中取得优势地位。

(三)主动参与双边、多边协定,协同合作,促进数据互联互通

坚持开放的区域主义而非保守的区域主义,同域内外许多国家和地区签署跨境数据流动规制的合作协议,也不失为发展之路。相关国家可以实现政策和发展战略对接,促进经济要素有序地自由流动、数据资源的高效配置和数据要素(包括数据生产者、消费者等在内)的深度融合。

我国可以通过主动参与、对话亚太经济合作组织(APEC)、二十国集团(G20)、世界贸易组织(WTO)等既有多边平台,开展范围更大、水平更高、层次更深的区域组织合作活动,协同建构开放、包容、平衡、共赢的区域间数据流动规制与合作框架。中国还可利用主导的国际平台建立区域性数据跨境流动合作机制,为拟定相对统一的跨境数据规则提供路径。如"一带一路"倡议框架下的数字丝绸之路就是通过数字基础设施建设来推动在海外的数

---

① 张旺.智能化与生态化:网络综合治理体系发展方向与建构路径[J].情报理论与实践,2019(1):53-57,64.

字化项目和高技术投资框架下的数据流通相关协议和标准,构建区域数据跨境流动信任体系,为相关国家经济增长和数字化转型创造新机遇。

此外,我们可以利用各种区域和双边贸易协定的协商与合作,不断延伸跨境数据流动的试点范围,推进形成跨境数据流动规则的全球性共识。例如,借助东盟《区域全面经济伙伴关系协定》(RCEP),积极与东盟重要贸易伙伴国达成数据流动认证协定,与东盟各国建设数据自由流动的"朋友圈"。同时,我国也主动开展国际合作,借助中非合作论坛的力量来推动国际社会更多地关注非洲的发展。又如,亚太经济合作组织下的跨境隐私规则机制,虽然被美国等西方国家把持,但数据流动规则遵循的隐私框架要求比较灵活,尤其是电子商务的跨境商业个人数据隐私保护方面与我国的相关要求较为贴合,经由相互认可,可减轻我国企业在实施跨境业务时跨境数据流动中的合规负担。面对美国、欧盟的长臂管辖,我国可以通过完善现有立法框架,明确数据相关国际执法协作的框架与条件,与各国建立双边、多边的数据执法调取协议,解决数据管辖冲突。

中国更应主动、积极地加入跨境隐私规则,利用好已有的东盟《区域全面经济伙伴关系协定》,在该协定的框架下推动多元共治方案,这也为中国在WTO电子商务谈判中的利益提供了保障。数据保护是无国界的,随着中国企业隐私数据保护水平的提高,我国可借鉴"安全港""隐私盾"模式,与欧盟等重要经济体开展合作,从而化解数据保护的跨区域性矛盾。

(四)探索构建跨境数据流动监管体系,提升监管效能

尽管随着云计算技术的发展,其数据管控难度增大,但欧美国家管控力度有增无减。跨境数据流动存在明显的区域性特征,欧盟采取区域外严格监管措施以及高额罚款惩罚措施,亚太地区的个人数据跨境进程晚于欧洲的相关进程,多元利益诉求的亚太地区具有轻监管、重自愿倾向的认证体系。

目前,国际社会对跨境数据流动的管控、评估倾向于以"一案一议式安

全评估"为核心,认证方案与发展需求不相匹配,相关方案不够丰富,不能满足多样化、大体量数据流动需求,也不利于参与国际数字贸易竞争。我们可以利用一些已有的商业贸易和数据流动成功案例,发挥特定地区的政策创新优势,在确保可监管的前提下探索建设全球数据港;在上海自贸区、海南自由港、深圳的中国特色社会主义先行示范区建立"开放、透明、可信任且可操作"的跨境数据流动自由区,并以点带面,稳步提升我国其他地区、城市的跨境数据流动管理能力,实现国际国内数据价值双循环,建成主权力量与市场力量有机融合的数字贸易体系。

(五)建立健全第三方认证认可制度,激发市场潜力

作为跨境数据流动的主要参与者和推动者,企业主动形成自律规范将带来更大的治理创新效应。我们应通过发挥企业、行业协会、民间机构的作用,鼓励龙头企业更多地利用市场化机制探索跨境数据流动实践,提升跨境流动管理效率。具体来说,就是鼓励企业加强与国内外监管机构的合作,比如欧盟的《一般数据保护条例》规定数据控制者可以成立协会并提出所遵守的详细行为准则,经认可的行为准则也可以作为数据跨境转移的合法机制;要求企业设置"数据保护官",加强负责和问责、追责制度,负责与监管部门的对接和对话;指导、帮助企业申请国外监管机构或第三方认证。一些欧美国家和日本、新加坡等少数亚洲国家非常重视数据流动的认证环节。我们应通过行业协会、第三方机构实施跨境数据流动认证评估,推广优秀企业的数据保护和跨境流动实践,激发企业"严格合规与高度自律"的积极性和主动性,实现功能主义层面效率与效果的有机统一,以及建构主义层面用户和企业之间的有机联动。

(六)促进全球共享社会价值数据,造福人类和地球

21世纪以来,非典、H1N1、埃博拉病毒、新冠病毒等重大公共卫生问题对国际治理形成严峻的挑战,气候变化、可持续发展、种族偏见和性别不平等、数字不平等和国际安全问题与社会风险复合交会,国际安全动荡加剧,

不确定性增加。数据不仅仅为一国所用,也可以在应对全球重大发展问题与挑战中贡献社会价值。

正如某些数据可以成为公共产品一样,有些数据也可以被视为全球公共产品,需要通过全球治理进行提供。在抗击新冠疫情方面,中国的做法为全球合作带来了思路。2020年1月10日,中国发布新型冠状病毒的基因序列,为全球科学家展开药物、疫苗、诊断研究提供了重要基础,美国莫德纳公司的科学家在两天内就运用这些数据绘制出了疫苗蓝图。[①] 2020年3月,中国国家卫生健康委和世界卫生组织共同举办了"分享防治新冠肺炎中国经验国际通报会"[②],通报会时效性强、覆盖面广、影响力大,中国与各国及时共享了疫情科学数据、技术成果和防控策略,真正实现了中外疫情防控技术的精准对接,体现了跨境数据在医疗领域的独特作用。

大数据、人工智能、区块链等信息技术一方面有力地支撑了中国国内疫情监测、防控救治、资源调配等抗疫工作,为全球疫情防控贡献了中国力量和中国经验;另一方面,通过数据流动、信息共享,中国与世界卫生组织、世界各国保持密切沟通与配合,公开、透明、及时地进行疫情实时数据公布、交流救治防控经验、展开技术合作等,践行了人类卫生健康共同体理念,以大国担当承担国际责任,多措并施守护全球疫情防线。

同时,从新冠疫情防控的全球协作来看,政策—数据交互方面还存在一些明显局限,如相关公司虽基于65种语言的新闻、网络信息、航班信息等准确预测了新冠病毒的传播,并早于一些官方机构发出预警,但这些信息只服务于其客户,未最大限度地发挥其潜在的作用。另外,在疫情防控中出现的网络犯罪、谣言蔓延、个人信息泄露等问题也暴露了跨境数据流动规制的不足。部分国家固守狭隘利己主义、保守主义、政治偏见等旧思维,影响大国

---

① SLAUGHTER M J,MCCORMICK D H. Data is power:Washington needs to craft new rules for the digital age[J]. Foreign affairs,2021,100(3):54.
② 分享防治新冠肺炎中国经验国际通报会召开[EB/OL].(2020-03-12)[2024-04-11]. http://www.nhc.gov.cn/xcs/fkdt/202003/6423727b13184fdcafd5208644872c79.shtml.

协作,削弱了全球共同抗击新冠疫情的能力。因此,各国应携手在跨境数据领域开展合作,推动人类命运共同体构建进程。

综上,人类命运共同体理念下的跨境数据流动规制应该是一种平衡自由贸易与数据安全的规范,在各国各自设置安全审查机制以外,各国还需继续基于和平互利、合作共赢的指导思想加强国家之间、国家与地区之间的监管协作,调动多元主体的协同效能,从理念、制度、执行等多个层面探索"构建和平、安全、开放、合作的网络空间,建立多边、民主、透明的国际互联网治理体系"的有效路径。

### 四、网络空间命运共同体理念下的全球跨境数据流动规制体系

在人类命运共同体理念下,全球传播的公平正义、新型国际关系的构建以及跨境数据流动的有效合理规制是一体同构、一体三面的关系。处理好跨境数据流动的规制问题,各国就可以有效促进全球传播的平台化与合理化转型,以及为跨境数据流动领域规制体系构建服务。

那么,在命运与共的时代,搭乘全球传播的"便车",实现跨境数据流动的公正转化,突出个体乃至一些组织的价值和作用,实现对权力结构关系的一种"反制"未来可期。同时,我国也要警醒地看待全球传播未来发展的辩证性和曲折性,以实现命运共同体理念下全球传播与跨境数据流动的正向发展,网络空间命运共同体理念下的跨境数据流动规制体系呼之欲出。

#### (一)以尊重国家数据主权为前提的共识体系

数据主权是跨境数据流动规制需要遵循的最重要的原则之一,其分为对内最高权和对外独立权两个层面。具体而言,对内最高权通过在国内行使对数据的处置体现权力;对外独立权则表现为使用数据过程、制定数据政策、参与数据活动等的独立权。一方面,数据安全是国家安全的重要体现,国家数据主权逐步提升到重要地位,受到诸多关注;另一方面,数据主权也是主权理论在新时代的延伸,是国家主权的重要组成部分。

虽然跨境数据规制的文件越来越多,但是主要参与者仍然存在较大分歧——在过程、隐私、执法以及平台监管中存在截然不同的观点。在全球范围内彻底实现各个国家普遍满意的共识体系还很困难。在博弈之中,各国为了保障自身数据权益,会以数据主权作为数据流动交往过程中的基本原则。在此原则之下,各国兼顾市场效益、各方权益、社会规范等方面,并予以动态调整。特别是在行使国家数据主权之时,各国还要注重满足人民群众的具体需求,兼顾道德伦理层面,从多维度入手保障国家数据主权,避免"一刀切"。

（二）联合国框架下的多元主体、多边参与的合作体系

跨境数据流动规制体系作为国际传播体系的组成部分,是国际社会中的一项重要议题。联合国以及国际电信联盟、国际通信卫星组织、互联网治理论坛、世界贸易组织、联合国教科文组织、世界知识产权组织、国际邮政联盟、互联网治理峰会等机构起着政策管理作用,尤其是在数据鸿沟、数据流动监管、全球数据安全等重要方面发挥着组织、协调作用。2017年,国际电信联盟发表《2017全球ICT监管展望》。该报告认为,随着网络威胁的范围和规模的不断扩大,系统思考、协同监管、整体监管成为未来全球数据治理的重要模式。2020年6月,联合国发布的《数字合作路线图》阐述了国际社会如何更好把握数字技术机遇,同时应对其带来的挑战。2021年9月,时任联合国秘书长安东尼奥·古特雷斯提交《我们的共同议程》,呼吁制定《全球数字契约》。2024年9月22日,联合国未来峰会正式通过《全球数字契约》,开启数字治理新进程。

大数据时代的数据以数量多、种类杂、流传广、联系多为特征,而这种特征往往使得相关国家对跨境数据的治理力有不逮。目前已有的诸多条约比较宽泛,对参与国家或组织没有强力的约束作用。此外,联合国还应注意到不同国家、不同地区之间的文化、习俗差异。这些差异也是产生数据鸿沟的重要因素。一些发达国家不应将自己在数据使用、管理上的既有经验强加

于他国之上,而应当鼓励、支持别国发展数据产业,提高数据安全保护水平。

国际传播规制领域也出现了一些新的变化,首先是在规制政策方面,超越各国政府的国际性规制越来越多,甚至左右着各国的政策制定。另外,新的国际传播规制较少考虑政治因素,更多的是关注经贸问题和市场标准;跨国公司、平台企业等多元主体的地位变得越来越重要,经济利益影响着政府的政治决策。

因此,为了使国际规制体系具有充分的包容性,一定要考虑不同地区之间的法律、文化、风俗等差异,同时尽可能地考虑到发展中国家在全球和区域倡议中的需求和利益,减少不平等现象。在建设合作体系之时,应该充分考虑在联合国认可的框架内开展相关合作,通过跨部门甚至是专门的国际协调机构来开展全球数据治理与发展问题研究,以最大限度提高各国合作意愿,形成全球共识。

(三)以共建、共治、共享为目标的相对统一的规制体系

网络空间命运共同体理念对跨境数据流动规制体系建设有很强的指导意义。

首先,在建设层面,网络空间命运共同体理念要求国家、区域和国际各级的政策制定相结合,尤其需要发展中国家的充分参与,从而建立一个具有国际影响力的跨境数据流动规制体系。网络空间命运共同体理念与国际数据流动、国际数据的安全与保护密切相关,因而跨境数据流动体系的建设需要寻求多边机制,兼顾各国利益,谋求共同发展。

其次,跨境数据流动规制体系建设需要建立在参与各国互惠互助的理念之下。各国在此体系之下可以更加及时、高效、低成本地享受到数据流动带来的红利。换句话说,各国实质性地参与到跨境数据流动规制的体系建设与运行中来,要确保参与各国的权利与义务的平衡有序,避免在具体实践中出现"孤立"现象。从实践上来说,我国可依托 WTO、《区域全面经济伙伴关系协定》和《中欧双边投资协定》等国际组织或合作机制,通过合理的制度

设计来保证跨境数据流动规制体系的"共享"特性。

最后,跨境数据流动规制体系的根本保证在于治理主体是全部参与国,需要国家、区域和国际各级的政策相结合,并有发展中国家的充分参与。要保证参与国主动、有权参与规制制度的商定,并形成有震慑力、执行力的条例,同时还应认识到企业(特别是跨国企业)、行业协会、民间机构等在规制体系中的作用,鼓励培育形成市场规范和第三方监督,并积极通过相关国际组织的平台推广成功经验、扩大影响,加速形成政府间及企业间的规制互认。

**本章小结**

本章从国际传播和信息交换的视角审视跨境数据流动规制的国际竞合关系,对相关案例予以评判,梳理了欧盟、美国、中国的跨境数据流动规制相关政策特点,并从国情和政策的差异中引出了跨境数据流动的"中心—边缘"关系,即地区之间的竞争能力不同,规制理念也会有所冲突。由于跨境数据流动天然地具有国际属性,各国需要通过国家间的规制合作来提升对跨境数据流动的治理水平,最终将落脚点放在走向"命运与共"的中国引领的跨境数据流动规制方案与网络空间命运共同体上。就目前已有的国际合作组织或平台来说,如经济合作与发展组织(OECD)、《全面与进步跨太平洋伙伴关系协定》(CPTTP)、《美墨加三国协议》(USMCA)和世界贸易组织(WTO)等,都为跨境数据流动规制的国际合作提供了良好的范本。网络空间命运共同体是网络化与数字化时代的必然方向,也是人类命运共同体理念的发展和延伸。我们应通过深入解读网络空间命运共同体理念,加强国际合作与对话,共同构建全球跨境数据流动规制路径及体系。中国需要强化数据能力,完善相关数据立法,打破数据安全治理体系,践行"走出去"战略,提升话语权,为跨境数据流动国际规制提供"中国方案"。

# 结　语

在全球数字化大背景下,数据作为互联网的 DNA 和血液,在拓展和延伸传统生产力内涵的同时重构了全球传播生态,跨境数据流动也由单一的概念演变为攸关国际关系、国际传播、经济等交叉领域内的关键指征,使主体面临诸多数据安全风险与挑战。本书认为,数据要实现在全球范围内的安全有序流动,需要国际社会共同治理。尤其在规制过程中,政府、国际组织等行为主体和企业、技术社群甚至公民等协同主体,通过双边或多边合作为破除跨境数据流动障碍发挥了重要作用。然而,因受到国家综合实力、互联网自由论、互联网垄断企业和国家政策规制能力的影响,跨境数据流动在全球数字经济发展中所体现的不平衡和不断放大的风险,对现有治理体系提出了新的、更高的要求。面对规制主体、规制理念与路径的范式之争与利益之争,中国作为负责任的大国,应准确把握"百年未有之大变局"的历史进程,基于网络空间命运共同体理念,积极完善相关数据立法,建立数据安全制度,通过践行"走出去"战略积极参与跨境数据流动国际规则的制定,提供"中国方案"。

跨境数据流动规制应首先以政策法律为基础治理手段,既要保证跨境数据流动的自由与便捷,又要对其进行合理、合法的规制;而必要的经济规制、信息技术规制和社会与文化规制,则有助于共同维护并推动跨境数据流动规制框架的成型,实现不同的利益诉求与规制目标之间的相对平衡。

## 结　语

　　为更好地提供"中国方案",本书围绕国际社会中主要经济体的跨境数据流动规制实践,同时也是具有代表性和话语权的主流规制模式开展比较分析。诸如欧盟的跨境数据流动规制,由于成员国发展不平衡、国家利益不一致等现实情况,东欧与西欧、南欧与北欧等结构性矛盾长期存在,因此,欧盟在规制理念上体现出"充分保护"成员国的基本权利和发展诉求,以达到"最大公约数"。美国凭借其全球"一超"实力,在跨境数据流动的规制方面则相对松散,奉行"自由主义"与"行业自治",但其对数据的进入与外流也有一些限制性措施,这也体现了发达经济体在跨境数据规制方面的自由主义分歧。

　　现有的跨境数据规制多体现基于经济发展、隐私保护以及国家安全维护目标的不同国家、区域和国际政策的拼凑,并未形成系统性的全球级别的解决方案。为打破这种竞争与合作交织、割裂、区域化、碎片化以及规制共识亟待提升的数据治理局面,在适当考虑到所涉及的不同利益和需求的情况下,以包容和可持续发展的方式取得数据保护与跨境数据自由流动之间的平衡,本书提出需要更多国际行为主体,特别是更多主权国家的参与,共同推进全球范围内广泛的多边与双边合作的局面形成,从而达成数据治理的"安全有序"。

　　为了真正造福人类,中国应致力于提供跨境数据流动规制的"中国方案",为该领域的国际合作提供宝贵经验,力求实现数据流动收益能够在国家内部和国家之间公平分配,并确保可能出现的风险得到解决。一方面,作为数字经济大国,中国需要公正合理的数字规制国际环境;另一方面,作为网络数据大国,中国有义务推动全球数字治理体系发展,作为广大发展中国家代表提高在全球数字规制领域的话语权和领导力。

　　在这个过程中,构建网络空间命运共同体是规制的合理追求。本书以尊重主权,通过互动沟通实现安全有序、共同繁荣的构建原则,对跨境数据流动规制体系与实施路径进行规划,展开对命运与共、合作共赢的跨境数据流动规制与全球网络数字治理的分析。通过构建以尊重国家数据主权为前提的共识

跨境数据流动：规制与进路

体系加强政策对话，共同推动以联合国为主体框架的多元主体、多边参与的合作体系和以共建共治共享为目标的相对统一的国际治理框架，对中国参与跨境数据流动、推进网络空间命运共同体的建设进行切实、合理的展望，为积极推进建设跨境数据流动领域以合作共赢为核心的新型国际关系提供借鉴。

在数字大航海时代，跨境数据流动规制所涉及的内容与参与主体都极为复杂，其风险及成因也受时空限制，不能一概而论。不同国家在基础设施、数字技术水平以及跨境数据流动规制上的实践进展与经验也是不同的，利益诉求更不同。本书仅选取了部分有代表性的主要国家和地区的规制实践开展分析，没有对更多跨境数据流动规制的主体以及实践进行整体性和系统性分析，这主要是因为跨境数据流动规制的实践与研究日新月异。正如施拉姆的"最后7分钟"比喻，如果将人类传播史压缩为1天，那么直到晚上11点才出现了正式的语言，而在午夜前3秒时电子计算机、晶体管和人造卫星才得以问世，人类传播史的前23个小时几乎一片空白。在人类传播史中，伴随全球化而生的国际传播则经历了更短的发展历程，更不要说正处于探索与争论阶段的跨境数据流动。因此，在选取研究对象时，本书更多地聚焦于世界主要经济体等具有国际代表性或探索引领性的行为主体。

与此同时，相关实践和案例同样处于动态发展的过程中，创新与试错并行，自由主义与保护主义相伴，全球化与逆全球化交织。本书关于跨境数据流动风险以及对策研究，更多地体现在宏观层面对跨境数据流动的梳理分析与策略层面对国际规制体系的规划建议。由于各类跨境数据业务场景复杂，本书对微观层面的对策和路径等仅以实例介绍为主，没有进行系统性呈现。跨境数据流动作为国际传播与全球网络治理的一个重要内容，未来研究还应该在发展的视角下，在以下方面进一步深入展开。

首先，要因地制宜，更加详细、完整地梳理应对措施，未来需要在此框架下，结合国内国际形势，对数据的流动性和传播属性展开进一步的研究；围绕规制的核心要素如规制主体、规制对象、规制依据、规制手段与规制实践深入分析，以期构建出相对统一的全球跨境数据流动规制体系。其次，可以对现有规制实践开展效果分析,力求规制体系的搭建更具针对性、有效性。最后,本书还需要在文中提出的策略和路径研究基础上,加强实践验证,以期更好地对跨境数据流动规制体系建设与实施路径进行规划指导。

# 参考文献

## 1.中文文献

鲍德温,凯夫,洛奇.牛津规制手册[M].宋华琳,李鸻,安永康,等译.上海:上海三联书店,2017.

贝克.风险社会[M].何博闻,译.南京:译林出版社,2004.

布坎南.宪政的经济学阐释[M].贾文华,任洪生,译.北京:中国社会科学出版社,2012.

德拉迪斯.互联网治理全球博弈[M].覃庆玲,陈慧慧,等译.北京:中国人民大学出版社,2017.

梵·迪克.网络社会:新媒体的社会层面[M].蔡静,译.2版.北京:清华大学出版社,2014.

哈姆,斯曼戴奇.论文化帝国主义:文化统治的政治经济学[M].曹新宇,张樊英,译.北京:商务印书馆,2015.

何精华.网络空间的政府治理:电子治理前沿问题研究[M].上海:上海社会科学院出版社,2006.

亨金.国际法:政治与价值[M].张乃根,马忠法,罗国强,等译.北京:中国政法大学出版社,2005.

惠志斌,唐涛.中国网络空间安全发展报告(2015)[M].北京:社会科学文献出版社,2015.

基欧汉,奈.权力与相互依赖:转变中的世界政治[M].林茂辉,段胜武,张星萍,译.北京:中国人民公安大学出版社,1992.

基辛格.世界秩序[M].胡利平,林华,曹爱菊,译.北京:中信出版社,2015.

贾国庆.全期治理保护的责任:第六届全国国际关系、国际政治专业博士生学术论坛论文集[M].北京:新华出版社,2014.

卡尔松,兰法尔.天涯成比邻:全球治理委员会的报告[M].赵仲强,李正凌,译.北京:中国对外翻译出版公司,1995.

卡斯特.网络社会的崛起[M].夏铸九,王志弘,等译.北京:社会科学文献出版社,2001.

柯兰,芬顿,弗里德曼.互联网的误读[M].何道宽,译.北京:中国人民大学出版社,2014.

孔令杰.个人资料隐私的法律保护[M].武汉:武汉大学出版社,2009.

库尔德利,赫普.现实的中介化建构[M].刘泱育,译.上海:复旦大学出版社,2023.

莱斯格.代码[M].李旭,姜丽楼,王文英,译.北京:中信出版社,2004.

勒普顿.风险[M].雷云飞,译.南京:南京大学出版社,2016.

李伦.数据伦理与算法伦理[M].北京:科学出版社,2019.

刘伟,张辉.全球治理:国际竞争与合作[M].北京:北京大学出版社,2017.

罗杰斯.传播学史:一种传记式的方法[M].殷晓蓉,译.上海:上海译文出版社,2005.

罗森诺.网络法:关于因特网的法律[M].张皋彤,等译.北京:中国政法大学出版社,2003.

罗西瑙.没有政府的治理[M].张胜军,刘小林,等译.南昌:江西人民出版社,2001.

马伊.谷登堡:500年前塑造今日世界的人[M].洪堃绿,译.北京:北京日报出版社,2021.

迈尔-舍恩伯格,库克耶.大数据时代:生活、工作与思维的大变革[M].盛杨燕,周涛,译.杭州:浙江人民出版社,2013.

麦奎尔.麦奎尔大众传播理论[M].崔保国,李琨,译.4版.北京:清华大学出版社,2006.

梅宏.数据治理之论[M].北京:中国人民大学出版社,2020.

穆勒.网络与国家:互联网治理的全球政治学[M].周程,鲁锐,夏雪,等译.上海:上海交通大学出版社,2015.

奈.权力大未来[M].王吉美,译.北京:中信出版社,2012.

纽伯里.网络型产业的重组与规制[M].何玉梅,译.北京:人民邮电出版社,2002.

齐爱民.大数据时代个人信息保护法国际比较研究[M].北京:法律出版社,2015.

秦亚青.权力·制度·文化:国际关系理论与方法研究文集[M].2版.北京:北京大学出版社,2016.

施瓦布,戴维斯.第四次工业革命——行动路线图:打造创新型社会[M].世界经济论坛北京代表处,译.北京:中信出版社,2018.

史普博.管制与市场[M].余晖,何帆,钱家骏,等译.上海:上海三联书店,上海人民出版社,1999.

斯科特.规制、治理与法律:前沿问题研究[M].安永康,译.北京:清华大学出版社,2018.

斯图克,格鲁内斯.大数据与竞争政策[M].兰磊,译.北京:法律出版社,2019.

涂子沛.大数据[M].桂林:广西师范大学出版社,2013.

托夫勒.权力的转移[M].黄锦桂,译.北京:中信出版社,2018.

王融.大数据时代[M].北京:人民邮电出版社,2017.

习近平.论坚持推动构建人类命运共同体[M].北京:中央文献出版社,2018.

席勒.大众传播与美利坚帝国[M].刘晓红,译.上海:上海译文出版社,2006.

延森.媒介融合:网络传播、大众传播和人际传播的三重维度[M].刘君,译.上海:复旦大学出版社,2012.

姚君喜.西方传播思想史[M].上海:上海交通大学出版社,2024.

英格里斯,索普.社会理论的邀请[M].何蓉,刘洋,译.北京:商务印书馆,2022.

张衡.大数据时代个人信息安全规制研究[M].上海:上海社会科学院出版社,2020.

赵刚.数据要素:全球经济社会发展的新动力[M].北京:人民邮电出版社,2021.

植草益.微观规制经济学[M].朱绍文,胡欣欣,等译.北京:中国发展出版社,1992.


安静.审视数据安全在国家层面的重要意义[N].中国社会科学报,2021-02-23(A08).

沉凤.文特·瑟夫:坚持互联网的开放性和中立性[N].人民邮电报,2007-05-23(7).

郭凡礼.开放大数据带动美国医疗革命[N].中国经营报,2014-06-16(A12).

姜澎.中国如何守住"数据主权"[N].文汇报,2014-08-04(1).

鲁传颖.数字世界地缘政治,大国在争什么[N].环球时报,2020-08-05(15).

鲁传颖.中欧加强数字治理合作正当时[N].环球时报,2021-04-27(15).

史安斌.推动国际传播上升为战略传播[N].环球时报,2021-06-05(7).

王晶晶.大数据安全保障体系建设刻不容缓[N].中国经济时报,2021-07-28(1).

周汉华.互联网立法需进行整体结构设计[N].人民政协报,2015-04-23(3).

管嘉祺.数据跨境流动法律规制之比较:以欧盟、美国、中国为考察对象[D].济南:山东大学,2020.

惠志斌.数据经济时代互联网企业跨境数据流动风险管理研究[D].南京:南京大学,2018.

孔源.个人数据跨境流动法律规制的问题研究[D].上海:华东政法大学,2019.

刘敏敏.欧盟《个人数据保护指令》的改革及启示[D].重庆:西南政法大学,2014.

刘雯.基于需求调查的中国银行甘肃分行数据平台管理改进研究[D].兰州:兰州大学,2017.

鲁传颖.网络空间全球治理与多利益攸关方的理论与实践探索[D].上海:华东师范大学,2016.

杨楠楠.中国网络空间国家大数据安全治理研究[D].南京:南京师范大学,2018.

张舵.跨境数据流动的法律规制问题研究[D].北京:对外经济贸易大学,2018.

张帆.WTO框架下跨境数据流动规制问题研究[D].重庆:西南政法大学,2018.

白红义.点击改变新闻业?——受众分析技术的采纳、使用与意涵[J].南京社会科学,2019(6).

蔡文之.自律与法治的结合和统一:论网络空间的监管原则[J].社会科学,2004(1).

曹学娜,蔡静静.冲突融合中的网络文化与传统文化[J].理论与改革,2011(5).

陈鹏.数据的权力:应用与规制[J].安徽师范大学学报(人文社会科学版),2021(5).

陈少威,贾开.跨境数据流动的全球治理:历史变迁、制度困境与变革路径[J].经济社会体制比较,2020(2).

陈咏梅,张姣.跨境数据流动国际规制新发展:困境与前路[J].上海对外经贸大学学报,2017(6).

程卫东.跨境数据流动的法律监管[J].政治与法律,1998(3).

储昭根.浅议"棱镜门"背后的网络信息安全[J].国际观察,2014(2).

达文波特.中国的雄心应该拓展到大数据领域[J].IT时代周刊,2012(13).

戴斌.文旅融合时代:大数据、商业化与美好生活[J].人民论坛·学术前沿,2019(11).

鄂立彬,黄永稳.国际贸易新方式:跨境电子商务的最新研究[J].东北财经大学学报,2014(2).

方兴东,顾烨烨,陆舒怡.数据治理的基础逻辑与理论前沿:数字时代的范式转变与权力再平衡[J].未来传播,2023(3).

方兴东,何可,钟祥铭,胡钢.中国网络治理30年:"一体多元模式"的演进历程与规律启示[J].传媒观察,2023(9).

方兴东,何可,钟祥铭.数据崛起:互联网发展与治理的范式转变:滴滴事件背后技术演进、社会变革和制度建构的内在逻辑[J].传媒观察,2022(10).

方兴东,王奔,钟祥铭.新世界信息秩序的三次浪潮:人类社会探寻公平正义信息传播秩序的历程与启示[J].现代出版,2024(9).

方兴东,谢永琪,钟祥铭.Sora背后的权力转移与国际传播新范式——

智能传播下国际传播博弈的新机制和新战略[J].对外传播,2024(7).

方兴东,钟祥铭,彭筱军.全球互联网50年(1969—2019):发展阶段与演进逻辑(上)[J].互联网天地,2019(10).

方兴东,钟祥铭,彭筱军.全球互联网50年(1969—2019):发展阶段与演进逻辑(下)[J].互联网天地,2019(11).

方兴东,钟祥铭,宋珂扬.Sora与新控制危机:理解智能传播时代风险的新机制、新治理和新逻辑[J].传媒观察.2024(5).

方兴东,钟祥铭.谷登堡时刻:Sora背后信息传播的范式转变与变革逻辑[J].现代出版.2024(3).

方兴东,钟祥铭.国际传播新格局下的中国战略选择:技术演进趋势下的范式转变和对策研究[J].社会科学辑刊,2022(1).

冯洁菡,周濛.跨境数据流动规制:核心议题、国际方案及中国因应[J].深圳大学学报(人文社会科学版),2021(4).

高山行,刘伟奇.数据跨境流动规制及其应对:对《网络安全法》第三十七条的讨论[J].西安交通大学学报(社会科学版),2017(2).

高炜,宁琳.传播行为与规则:互动中建构传播理性[J].前沿,2008(2).

耿楠.亚太区域数字互联互通的机遇、挑战与对策[J].海外投资与出口信贷,2021(4).

弓永钦,王健.APEC跨境隐私规则体系与我国的对策[J].国际贸易,2014(3).

郭海,李永慧.数字经济背景下政府与平台的合作监管模式研究[J].中国行政管理,2019(10).

韩洪灵,陈帅弟,刘杰,等.数据伦理、国家安全与海外上市:基于滴滴的案例研究[J].财会月刊,2021(15).

韩蕾.在网络强国建设新征程上谱写国际传播新篇章[J].中国网信,2024(2).

何勤华,王静.保护网络权优位于网络安全:以网络权利的构建为核心

[J].政治与法律,2018(7).

洪宇,陈帅."数字冷战"再审视:从互联网地缘政治到地缘政治话语[J].新闻与传播研究,2022(10).

胡鞍钢,周绍杰.新的全球贫富差距:日益扩大的"数字鸿沟"[J].中国社会科学,2002(3).

黄浩宇,方兴东,王奔.中国网络舆论30年:从内容驱动走向数据驱动[J].传媒观察,2023(10).

黄璜.对"数据流动"的治理:论政府数据治理的理论嬗变与框架[J].南京社会科学,2018(2).

黄宁,李杨."三难选择"下数据跨境流动规制的演进与归因[J].清华大学学报(哲学社会科学版),2017(5).

黄鹏,陈靓.数字经济全球化下的世界经济运行机制与规则构建:基于要素流动理论的视角[J].世界经济研究,2021(3).

黄昭宇,王卓宇.新安全观的建构及其要义[J].和平与发展,2015(6).

黄志雄,刘碧琦.英国互联网监管:模式、经验与启示[J].广西社会科学,2016(3).

黄志雄.国际法视角下的"网络战"及中国的对策:以诉诸武力权为中心[J].现代法学,2015(5).

姬德强,李喆.数字公域:数字文化视野中的国际传播新秩序[J].对外传播,2024(4).

姬德强,张毓强.谁的TikTok:国际传播视野中的数字平台[J].对外传播,2024(4).

姬德强.TikTok研究:一个国际传播的前沿领域[J].视听理论与实践.2022(2).

姬德强.数字平台的地缘政治:中国网络媒体全球传播的新语境与新路径[J].对外传播,2020(11).

蒋旭东,周立柱.数据仓库查询处理中的一种多表连接算法[J].软件学报,2001(2).

匡文波.数字平台如何影响中国对外传播:后疫情时代中国网络媒体全球传播的机遇与挑战[J].西北师大学报(社会科学版),2021(5).

郎平.互联网如何改变国际关系[J].国际政治科学,2021(2).

郎平.全球数字地缘版图初现端倪[J].信息安全与通信保密,2021(3).

郎平.主权原则在网络空间面临的挑战[J].现代国际关系,2019(6).

李婧.从跨境贸易人民币结算看人民币国际化战略[J].世界经济研究,2011(2).

李克.基于区块链的电子数据共享平台建设研究[J].中小企业管理与科技,2021(28).

李鲤.赋权·赋能·赋意:平台化社会时代国际传播的三重进路[J].现代传播(中国传媒大学学报),2021(10).

李培林.流动民工的社会网络和社会地位[J].社会学研究,1996(4).

李艳华.全球跨境数据流动的规制路径与中国抉择[J].时代法学,2019(5).

李智.软实力的实现与中国对外传播战略:兼与阎学通先生商榷[J].现代国际关系,2008(7).

廖祥忠.媒介与社会同构时代国际传播人才培养必须着力解决的三大问题[J].现代传播(中国传媒大学学报),2021(1).

刘红,胡新和.数据革命:从数到大数据的历史考察[J].自然辩证法通讯,2013(6).

刘宏松,程海烨.跨境数据流动的全球治理:进展、趋势与中国路径[J].国际展望,2020(6).

刘俊敏,郭杨.我国数据跨境流动规制的相关问题研究:以中国(上海)自由贸易试验区临港新片区为例[J].河北法学,2021(7).

刘鹏.用户新闻学:新传播格局下新闻学开启的另一扇门[J].新闻与传播研究,2019(2).

刘绍宇.论互联网分享经济的合作规制模式[J].华东政法大学学报,2018(3).

刘先春,王秀.习近平关于网络空间治理重要论述的三大特征[J].广西社会科学,2020(3).

刘小军,张滨.我国与"一带一路"沿线国家跨境电商物流的协作发展[J].中国流通经济,2016(5).

刘杨钺.技术变革与网络空间安全治理:拥抱"不确定的时代"[J].社会科学,2020(9).

刘杨钺.网络空间国际安全互动的发展态势与治理[J].教学与研究,2018(1).

刘滢.5G时代国际传播的战略目标、实现基础与现实路径[J].新闻与写作,2020(9).

鲁传颖.网络空间大国关系演进与战略稳定机制构建[J].国外社会科学,2020(2).

陆菁,傅诺.全球数字贸易崛起:发展格局与影响因素分析[J].社会科学战线,2018(11).

陆小华.数据话语权:国际传播的战略性竞争焦点[J].现代传播(中国传媒大学学报),2020(10).

陆晔,周睿鸣."液态"的新闻业:新传播形态与新闻专业主义再思考:以澎湃新闻"东方之星"长江沉船事故报道为个案[J].新闻与传播研究,2016(7).

孟小峰,慈祥.大数据管理:概念、技术与挑战[J].计算机研究与发展,2013(1).

牛哲莉.个人数据跨境流动:中日韩合作规制进路探析[J].山东科技大学学报(社会科学版),2021(4).

彭兰."数据化生存":被量化、外化的人与人生[J].苏州大学学报(哲学社会科学版),2022(2).

彭兰.生存、认知、关系:算法将如何改变我们[J].新闻界,2021(3).

彭兰.数字化与数据化:数字时代生存的一体两面[J].人民论坛,2023(17).

彭兰.新媒体传播:新图景与新机理[J].新闻与写作,2018(7).

彭兰.智能传播时代"智能鸿沟"的走向探询[J].中国编辑,2024(11).

彭岳.分享经济规制现状及方法改进[J].中外法学,2018(3).

戚聿东,刘欢欢.数字平台的数据风险及其规制[J].东北财经大学学报,2021(6).

齐爱民,盘佳.数据权、数据主权的确立与大数据保护的基本原则[J].苏州大学学报(哲学社会科学版),2015(1).

曲振涛,周正,周方召.网络外部性下的电子商务平台竞争与规制:基于双边市场理论的研究[J].中国工业经济,2010(4).

任孟山.信息空间与地理空间:网络传播与国家主权的张力[J].现代传播(中国传媒大学学报),2011(6).

任志新,李婉香.中国跨境电子商务助推外贸转型升级的策略探析[J].对外经贸实务,2014(4).

上海社会科学院经济研究所课题组.中国跨境电子商务发展及政府监管问题研究:以小额跨境网购为例[J].上海经济研究,2014(9).

邵晶晶,韩晓峰.国内外数据安全治理现状综述[J].信息安全研究,2021(10).

沈春鹏,张瑞坤.2020年牛津路透社数字新闻报告解读与启示[J].新闻论坛,2020(6).

宋华琳.迈向规制与治理的法律前沿:评科林·斯科特新著《规制、治理与法律:前沿问题研究》[J].法治现代化研究,2017(6).

隋岩,曹飞.论群体传播时代的莅临[J].北京大学学报(哲学社会科学版),2012(5).

隋岩.群体传播时代:信息生产方式的变革与影响[J].中国社会科学,

2018(11).

孙蕾,王芳.中国跨境电子商务发展现状及对策[J].中国流通经济,2015(3).

孙南翔,张晓君.论数据主权:基于虚拟空间博弈与合作的考察[J].太平洋学报,2015(2).

孙益武.数字贸易与壁垒:文本解读与规则评析:以 USMCA 为对象[J].上海对外经贸大学学报,2019(6).

唐文方.大数据与小数据:社会科学研究方法的探讨[J].中山大学学报(社会科学版),2015(6).

田智辉,王丹,黄楚新.下一代互联网:中国新媒体发展的新变局[J].传媒,2022(18).

涂凌波,张萌.技术突围与数字交往:人工智能背景下精准化国际传播突破方向[J].中国出版,2024(10).

涂凌波,张天放."媒介—国家能力"与中国式现代化:一个理论分析框架[J].新闻大学,2023(11).

王春晖.互联网治理四项原则基于国际法理应成全球准则:"领网权"是国家主权在网络空间的继承与延伸[J].南京邮电大学学报(自然科学版),2016(1).

王江雨.中国视角下的国际法与国际关系:一个交叉分析的研究进路[J].中国法律评论,2021(3).

王景霞,杨艳.关于经济法下的分享经济规制问题的思考[J].法制博览,2021(17).

王孔祥.网络安全的国际合作机制探析[J].国际论坛,2013(5).

王沛楠.TikTok 听证会:国际传播中的跨境数据与网缘政治[J].青年记者,2023(9).

王融.数据跨境流动政策认知与建议:从美欧政策比较及反思视角[J].信息安全与通信保密,2018(3).

王茹.互联网经济规制的原则与多元规制体系的构建[J].行政管理改革,2018(1).

王维佳.媒体建制派的失败:理解西方主流新闻界的信任危机[J].现代传播(中国传媒大学学报),2017(5).

王伟玲.全球数据治理:现实动因、双重境遇和推进路径[J].国际贸易,2021(6).

王元卓,靳小龙,程学旗.网络大数据:现状与展望[J].计算机学报,2013(6).

王玥.试论网络数据本地化立法的正当性[J].西安交通大学学报(社会科学版),2016(1).

王中美.跨境数据流动的全球治理框架:分歧与妥协[J].国际经贸探索,2021(4).

温树英.数据本地化要求的困境与对策:以金融服务贸易为例[J].国际经济法学刊,2021(2).

吴沈括,崔婷婷.欧盟委员会2020年《欧洲数据战略》研究[J].信息安全研究,2020(6).

吴沈括,黄诗亮.欧盟的数字主权观:基于欧洲议会数字主权报告的分析[J].信息安全研究,2020(11).

吴沈括.数据跨境流动与数据主权研究[J].新疆师范大学学报(哲学社会科学版),2016(5).

吴伟华.我国参与制定全球数字贸易规则的形势与对策[J].国际贸易,2019(6).

肖欢容,张沙沙.全球治理实践的维度论析[J].江西师范大学学报(哲学社会科学版),2019(3).

熊光清,邓思敏.网络战争的伦理约束问题:从正义的角度出发[J].学习与探索,2020(7).

徐松,张艳艳.应将跨境电商建成"中国制造"出口的新通道[J].经济纵横,2015(2).

许翠兰,方兴东,李丹阳.新传播格局下的网络生态治理[J].现代视听,2023(12).

许开轶.论中国网络空间国际话语权的建构[J].南京师大学报(社会科学版),2022(4).

杨静,徐鲲.习近平同志关于网络空间命运共同体重要论述的内涵、特征与价值[J].毛泽东思想研究,2021(5).

杨凯,张辰.网络空间命运共同体的学理意义和建设思想[J].江西社会科学,2018(5).

杨尊源.规制治理理论视域下的经济法规制机制:以消费外部性问题为例[J].河南工业大学学报(社会科学版),2021(1).

于立,肖兴志.规制理论发展综述[J].财经问题研究,2001(1).

余晖.中国药业政府管制制度形成障碍的分析(上)[J].管理世界,1997(5).

岳爱武,张尹.习近平网络强国战略的四重维度论析[J].马克思主义研究,2018(1).

臧旭恒,王立平.规制经济理论的最新发展综述[J].产业经济评论,2004(1).

张华.论网络空间自卫权的行使对象问题[J].法学论坛,2021(1).

张江莉.互联网平台竞争与反垄断规制以3Q反垄断诉讼为视角[J].中外法学,2015(1).

张凌寒,杜婧.基于隐私权的个人信息保护路径研究:以美国为研究视角[J].网络法律评论,2016(1).

张龙,曹晔阳.数据主权、数字基础设施与元宇宙:平台化视域下的国际传播[J].社会科学战线,2022(6).

张旺.智能化与生态化:网络综合治理体系发展方向与建构路径[J].情报理论与实践,2019(1).

张新宝.论网络信息安全合作的国际规则制定[J].中州学刊,2013(10).

张毓强,黄姗.中国国际传播中的信息生产、信息在场与沟通达成[J].对外传播,2019(8).

张毓强,姬德强.Sora、生成式人工智能与我国国际传播的新生态[J].对外传播,2024(3).

赵月枝."新地球村"想象[J].新闻与传播评论,2020(1).

张卓.智能传播时代我国国际传播探究[J].传媒,2022(5).

钟祥铭,方兴东.数字治理的概念辨析与内涵演进[J].未来传播,2021(5).

钟祥铭,方兴东.智能鸿沟:数字鸿沟范式转变[J].现代传播(中国传媒大学学报),2022(4).

周璐,张帆,王静雯.新冠疫情下数字经济助力中国经济恢复发展的路径探究[J].商展经济,2021(15).

朱光,丰米宁,刘硕.大数据流动的安全风险识别与应对策略研究:基于信息生命周期的视角[J].图书馆学研究,2017(9).

朱海龙.网络社会信息嬗变对政治参与动员的影响[J].湖南师范大学社会科学学报,2010(3).

## 2.外文文献

2013 International conference on collaboration technologies and systems[C].New York:IEEE,2013.

2019 International conference on issues and challenges in intelligent computing technique[C].New York:IEEE,2019.

SACMAT11:proceedings of the 16th ACM symposium on access control models and technologies[C].New York:Association for Computing Machinery,2011.

SIGCOMM′02:proceedings of the 2002 conference on applications, technologies,architectures,and protocols for computer communications[C]. New York:Association for Computing Machinery,2002.

CPS-SPC19:proceedings of the ACM workshop on cyber-physical systems security & privacy[C]. New York:Association for Computing Machinery,2019.

IEEE intelligent vehicles symposium[C].New York:IEEE,2004.

ALLEYNE M D.International power and international communication [M].London:Palgrave Macmillan,1995.

BADIE B,BERG-SCHLOSSER D,MORLINO L A.International encyclopedia of political science[M].Los Angeles:Sage Publications,2011.

BALDWIN R. The globotics upheaval: globalization, robotics, and the future of work[M].Oxford:Oxford University Press,2019.

BOCZKOWSKI P J. Digitizing the news: innovation in online newspapers[M].Cambridge:MIT Press,2004.

CRAWFORDK. The atlas of AI: power, politics, and the planetary costs of artificial intelligence[M].New Haven:Yale University Press,2021.

DAVIES J C,COVELLO V T,ALLEN F W.Risk communication:proceedings of the conference on risk communication[M].Washington,D.C.: The Conservation Foundation,1987.

HAND D J,DALY F,MCCONWAY K,et al.A handbook of small data sets[M].London:Chapman & Hall,1994.

HARASIM L M.Global networks:computers and international communication[M].Cambridge:MIT Press,1994.

KEOHANE R O,Nye J S.Power and interdependence[M].London: Pearson,2011.

KLANG M, MURRAY A. Human rights in the digital age[M]. London:Routledge-Cavendish,2005.

KLIMBURG A.The darkening web:the war for cyberspace[M].New York:Penguin Press,2017.

KRASNER S D.International regimes[M].Ithaca:Cornell University Press,1983.

LAUDON K C,TRAVER C G.E-Commerce:business,technology,society[M].London:Pearson,2006.

LESSIG L.Code,and other laws of cyberspace[M].New York:Basic Books,1999.

LEVI-FAUR D.The Oxford handbook of governance[M].Oxford:Oxford University Press,2012.

MCPHAIL T L. Global communication: theories, stakeholders, and trends[M].3rd ed.Malden:Wiley-Blackwell,2011.

MOHAMMADI A. International communication and globalization: a critical introduction[M].Los Angeles:Sage Publications,1997.

MOWLANA H.Global communication in transition:the end of diversity? [M].Los Angeles:Sage Publications,1996.

NOLL R G.Regulatory policy and the social sciences[M].Berkeley:University of California Press,1985.

NYE J S.Power in the global information age:from realism to globalization[M].New York:Routledge,2004.

The Mac Bride Commission.Many voices,one world:towards a new, more just,and more efficient world information and communication order [M].Lanham:Rowman and Littlefield Publishers,2003.

United Nations Centre on Transnational Corporations. Transnational corporation and trans-border data flows:a technical paper[M].New York:

United National Center on Transnational Corporations,1982.

VANDERSLOOTB.Regulating the synthetic society: generative AI, legal questions, and societal challenges [M]. London: Bloomsbury Publishing,2024.WITSCHGE T,ANDERSON C W,DOMINGO D,et al. The SAGE handbook of digital journalism[M].Los Angeles:Sage Publications,2016.

AARONSON S.Why trade agreements are not setting information free:the lost history and reinvigorated debate over cross-border data flows, human rights,and national security[J].World trade review,2015,4(14).

ANSELL C,GASH A.Collaborative governance in theory and practice [J].Journal of public administration research and theory,2008,18(4).

BARNETT G A,DANOWSKI J A.The structure of communication:a network analysis of the international communication association[J].Human communication research,1992,19(2).

BLACK J.Decentring regulation: understanding the role of regulation and self-regulation in a "post-regulatory"world[J].Current legal problems, 2001,54(1).

BUTTARELLI G.The EU GDPR as a clarion call for a new global digital gold standard[J].International data privacy law,2016,6(2).

DAVENPORT T H,BARTH P,BEAN R.How "big data" is different [J].MIT sloan management review,2012,54(1).

DAVIS A L,KELLER R M.Data flow program graphs[J].Computer, 1982,15(2).

DREZNER D W.Weighing the scales:the internet's effect on state-society relations[J].Brown journal of world affairs,2020,16(2).

FILIPPI P DE, MCCARTHY S.Cloud computing:centralization and

data sovereignty[J].European journal of law and technology,2012,3(2).

GRAY J,RUMPE B.Models for digitalization[J].2015,14(4).

HANUSCH F.Web analytics and the functional differentiation of journalism cultures:individual,organizational and platform-specific influences on newswork[J].Information,communication & society,2017,20(10).

HINDESS B. Liberalism-What's in a name[J].Global governmentality:governing international spaces,2004(8).

HONDROS J.The internet and the material turn[J].Westminster papers in communication and culture,2015,10(1).

INKINEN T,HELMINEN R,SAARIKOSKI J.Port digitalization with open data:challenges,opportunities,and integrations[J].Journal of open innovation:technology,market,and complexity,2019,5(2).

LABRINIDIS A,JAGADISH H V.Challenges and opportunities with Big Data[J].Proceedings of the VLDB endowment,2012,5(12).

LEWIS J A.National perception of cyber threats[J].Strategic analysis,2014,28(4).

LOIDEAIN N N.The end of safe harbour:implications for EU digital privacy and data protection law[J].Journal of internet law,2016,19(8).

MOSS D,WARNABY G.Communications strategy? Strategy communication? Integrating different perspectives[J].Journal of marketing communications,1998,4(3).

PARLIAMENT E.Directive 95/46/EC of the European Parliament and of the Council of 24 October 1995 on the protection of individuals with regard to the processing of personal data and on the free movement of such data[J].Official journal of European communities,1995(281).

REIDENBERG J R.Resolving conflicting international data privacy rules in cyberspace[J].Stanford law review,2000,52(5).

SLAUGHTER M J,MCCORMICK D H.Data is power:Washington needs to craft new rules for the digital age[J].Foreign affairs,2021,100(3).

SUN S X,ZHAO J L,NUNAMAKER J F,et al.Formulating the data-flow perspective for business process management[J].Information systems research,2006,17(4).

TAPPER C.New European directions in data protection[J].Journal of law and information science,1992,3(1).

TJOSVOLD D.Cooperation theory and organizations[J].Human relations,1984,37(9).

WOODS O. Clashing cyphers, contagious content: the digital geopolitics of grime [J]. Transactions of the institute of British geographers,2021,46(2).

ZELIZER B.Terms of choice:uncertainty,journalism,and crisis[J].Journal of communication,2015,65(5).